WU　　　　　　　　TU

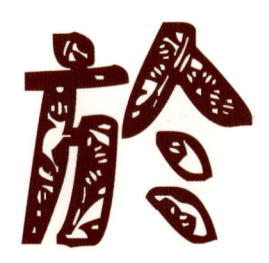

淤蕪

张扬 著

青海人民出版社

图书在版编目（CIP）数据

於菟 / 张扬著. -- 西宁：青海人民出版社，
2018.12（2021.11 重印）
 ISBN 978-7-225-05723-1

Ⅰ.①於… Ⅱ.①张… Ⅲ.①土族—少数民族风俗习惯—介绍—同仁县 Ⅳ.① K892.331

中国版本图书馆 CIP 数据核字 (2019) 第 005046 号

於菟

张扬 著

出 版 人	樊原成
出版发行	青海人民出版社有限责任公司
	西宁市五四西路 71 号 邮政编码：810023 电话：（0971）6143426（总编室）
发行热线	（0971）6143516 / 6137730
网　　址	http://www.qhrmcbs.com
印　　刷	陕西龙山海天艺术印务有限公司
经　　销	新华书店
开　　本	890 mm × 1240 mm 1/32
印　　张	5
字　　数	80 千
版　　次	2019 年 12 月第 1 版 2021 年 11 月第 2 次印刷
书　　号	ISBN 978-7-225-05723-1
定　　价	32.00 元

版权所有　侵权必究

目 录

楔 子
01

第一章
郭麻日郎
11

第二章
二郎神庙
23

第三章
"邦"祭开始
43

第四章
阿吾法师
55

第五章
凌晨 5 点
63

第六章
七只"老虎"
73

第七章
从人变神
81

第八章
翻墙入户
99

第九章
赶虎驱魔
125

结 语
151

· 楔　　子 ·

於菟是年都乎古堡的专属

最起码在整个青海

只有在年都乎才能邂逅於菟

在青海省黄南藏族自治州同仁县，有一个叫年都乎的地方。

"年都乎"既是一个村落的名字，又是一个乡的名字，同时，它还是一个神秘莫测的所在，是"同仁四堡"之一。

也许很多人都知道同仁古称保安，也被称为热贡——"金色谷地"的意思。但有很多人不知道，同仁县曾经的政治、经济、军事中心并非现在的县城所在地，而是如今的保安镇，所以直到今天，当地人仍然自称其地为保安。

隆务河在同仁冲刷出万顷肥沃土地，使这一河谷地带自古就是富庶之地，加之隆务峡的险峻，这里自然就成为青海藏区的门户，其战略地位可想而知。自冷兵器时代，同仁一带便是兵家必争之地。西汉宣帝神爵二年（公元前60年），赵充国在湟水流域威服定羌，在保安一带置河关县，并在此戍军屯垦，其后历代设官建置，从此便将同仁划为一个行政区域。至明代，同仁隆务河一带形成以保安、吾屯、郭麻日、年都乎为中心的四个古堡群。

如今，溯隆务河而上，出隆务峡，第一站是保安古城，接下来是吾屯和郭麻日在隆务河两岸对峙，最后是年都乎。其中，年都乎古堡和郭麻日古堡保存最为完整。

年都乎古堡和郭麻日古堡颇有几分相似，都坐落在隆务河西岸的台地之上。站在年都乎古堡的城楼上，同仁县城一览无余。所谓古堡，其实就是一个军寨，平常是居民居住之所，战时则变成军事要塞。年都乎古堡居高临下俯瞰隆务河，背后则是险峻的山峦，南侧还有年都乎河这一天然屏障，古堡选址可谓独具匠心！

年都乎古堡的建造显然下了一番功夫，它是现在年都乎村的制高点。古堡有两个大门：东门被称为上门，门楼两侧安装有转经筒，进入城门后有楼梯通往城楼，城楼两间房内有两个巨大的转经筒，房屋四周是平台，可用来瞭望和放哨；北门也被称为下门，门楼两侧同样有转经筒，但

古堡选址独具匠心

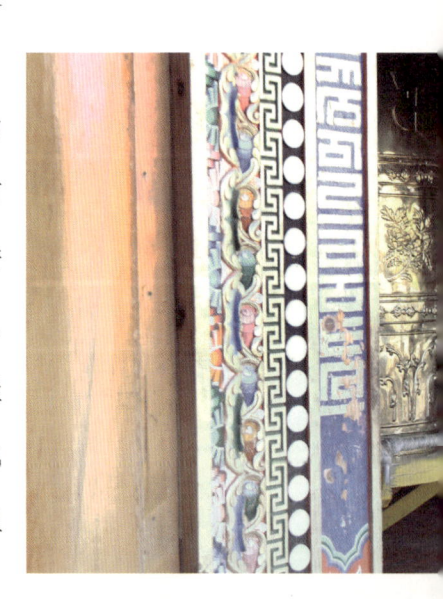

年都乎古堡东大门城楼上转经筒的老阿妈

这个城门的宽度要比东门小得多,而且城门之上也没有城楼。

年都乎古堡南侧就是年都乎河,古堡在河岸之上,河岸与河道呈断崖式,有很大的落差,敌人不可能轻易从河道上来。因坐落高台之上,古堡北侧也高出城外很多。这么看,这就是一座固若金汤的城池,即便敌人攻入城内,也很难逃脱被歼灭的下场。年都乎古堡内巷道逼仄,从空中看就像一张巨大的蜘蛛网,走进古堡内,你根本不知道自己将要走向哪里,仿佛置身于迷宫内,只能"毫无头绪"地往前走。这里的巷道不仅窄,还弯弯曲曲的,并且多数都是断头路,通到一户人家的门前就没有路了。

古堡内的民居都是高墙大院,厚重的土夯墙内,其实又是一座座小小的城池。每户人家的院落都不大,院内多栽有梨树,院落正中央是煨桑台,两侧是柴房和牛棚或羊圈,正房为两层,是主人居住的地方。

羊都乎城堡内的高墙大院。张俊摄

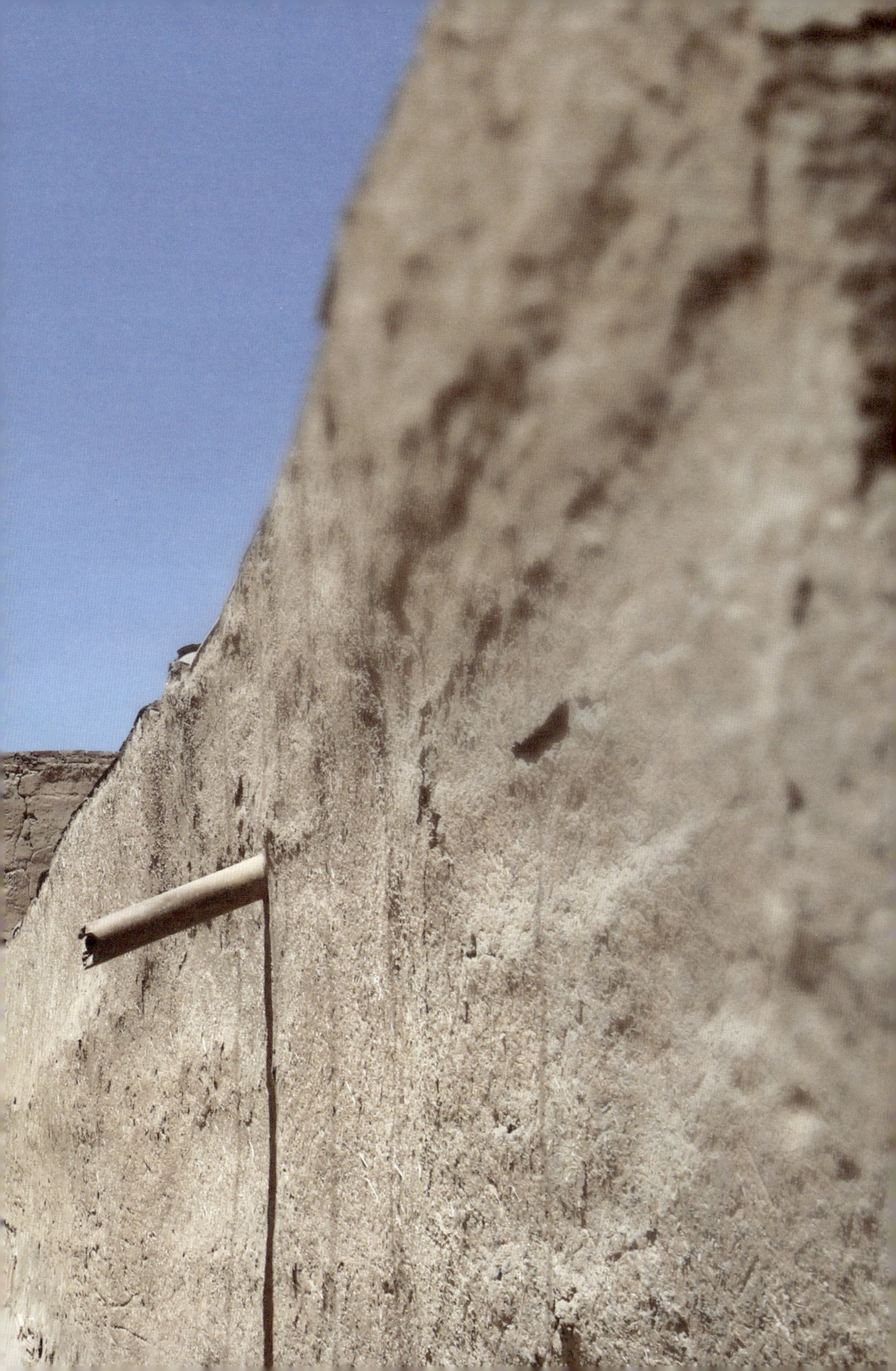

古堡内屋顶相连，形成一个庞大的防御体系　张傲摄

如果你把古堡内的每一个高墙大院看作一个防御单元的话，那就大错特错了，在古堡内，每一户人家都是相互通连的，而将每家每户连接起来的纽带就是屋顶，沿着梯子爬上屋顶，也就意味着你可以游历整个古堡了，因为从屋顶上你可以到任何一家去做客。这也充分显示了年都乎先民的聪明智慧——不管谁家遭遇袭击，都能快速地逃离到邻居家。

如此，年都乎古堡内224户人家共同组成了一个庞大的防御体系！

古往今来，被誉为"金色谷地"的热贡地区迎来送往各路驻军将士，因而也被称为"中国边疆屯兵史的活化石"。也难怪，这里曾是古羌族游牧之地，曾是大汉帝国统辖湟水流域的驻地，此后，大唐、吐谷浑、吐蕃等势力轮番登场，在这里互相角逐，直到大明朝，中央在这里的驻军达到顶峰，"同仁四堡"就是那个时代的成果。

到底是历史成就了年都乎古堡，还是年都乎古堡成就了历史？谁也说不清楚，就如同於菟真正的来源，其答案早就埋进了历史的烟尘中。

於菟是年都乎古堡的专属，最起码在整个青海，只有在年都乎才能邂逅於菟，因为虽然年都乎村的居民大多是土族，而於菟在中国非遗名录中的名称也是"土族於菟"，但在海东市的互助、民和等土族聚居之地是看不到这一独特的文化现象的。

那么，被俗称为"跳神"的於菟到底来自哪儿？又有着怎样的表现形式呢？接下来让我们一起走进年都乎。

[第一章]
郭麻日郎

说郭麻日郎是一座山还真有些牵强
因为它并不是一座高大的山峰
只是一个小山头

说郭麻日郎是一座山还真有些牵强，因为它并不是一座高大的山峰，只是一个小山头。而且说起郭麻日郎山，还有一个奇怪的现象：年都乎村的村民们都称它为南当山，可是，郭麻日郎山明明在村落的北面！

在藏区，几乎每座大山都被赋予了神秘色彩，都被视为神山，这也是藏族群众自然崇拜的一种体现。信奉藏传佛教的土族群众也一样，在他们居住地的大山也被称为神山，而湖泊也被称为圣湖。然而，也许是因为郭麻日郎山确实太小了，它并不是年都乎村的神山，可是我们还是要对它大书特书，不是因为站在年都乎古堡第一眼看到的就是这个山头，而是因为年都乎的於菟和这座山大有关系。

除却远处连绵不断的山脉，郭麻日郎山应该是年都乎村的制高点。前往年都乎探寻郭麻日郎山，首先要跨过曲麻河。进入冬季，曲麻河的河水早已躲进了厚厚的冰层之下哼唱着催眠曲。在年都乎於菟的整个流程中，这条河是一个极为重要的天然"道具"，在农历十一月二十

年都乎村北侧的郭麻日郭山被当地群众视为神山　张傲摄

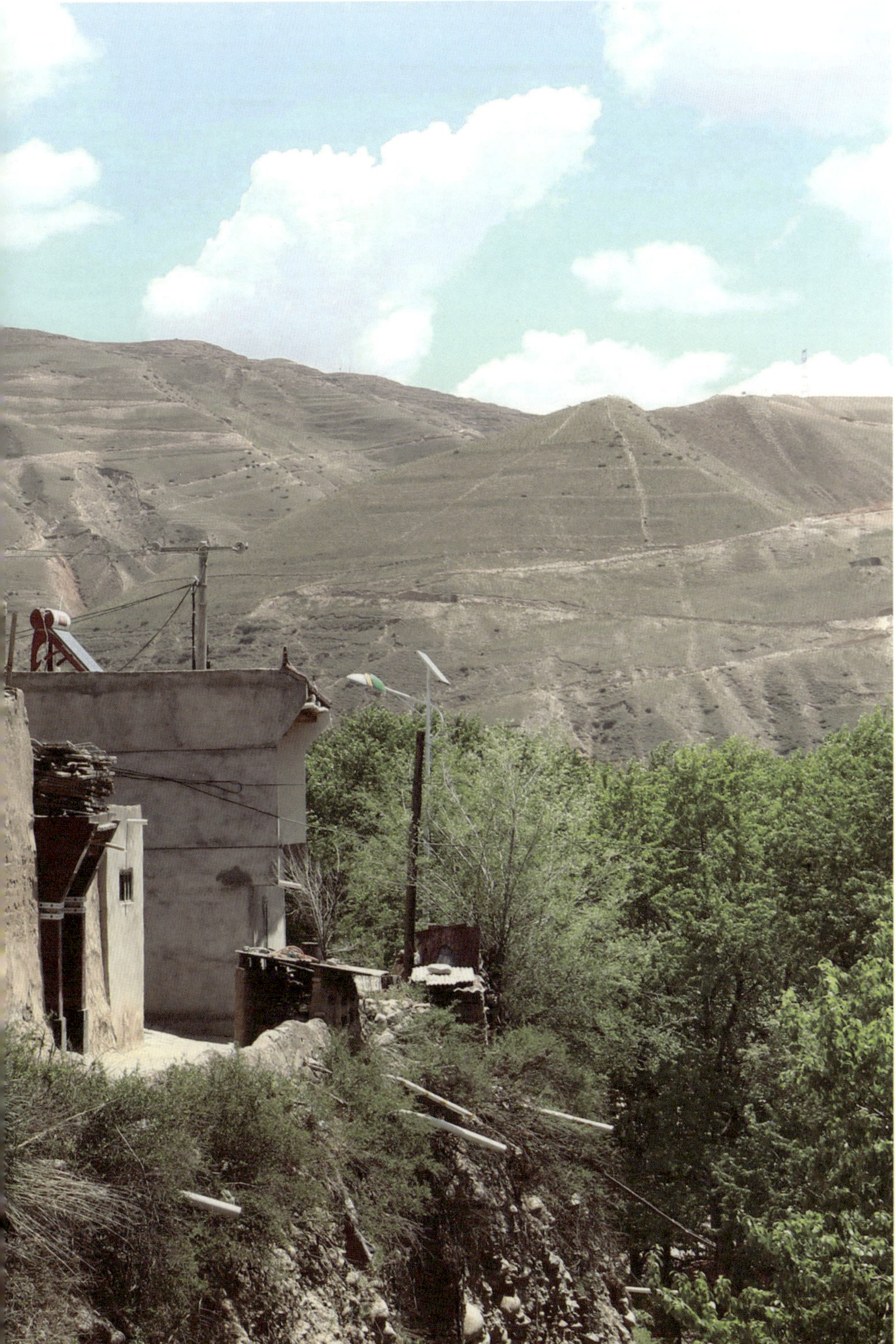

日这一天，我们就会看到发生在这条河上的一切。

曲麻河是隆务河的一条支流，发源于夏琼山，河流总长度38公里，河道平均宽50米。曲麻河将年都乎村一分为二：河的南面是平原，以前是年都乎村村民们耕种的地块，如今几乎全部被纳入县城所在地；北侧也就是村落所在地，则是山坡地。

据《同仁县志》记载，年都乎村是1210年成吉思汗的军队南征时，部分军士留此居住而形成的。清代《循化县志》对年都乎古堡的形成也有记载："明初立河州卫分兵屯田，贵德十屯，而保安有四。"年都乎古堡就是"保安四堡"之一。

前往郭麻日郎山，还有幸和年都乎寺相遇，这座创建于1660年的藏传佛教寺院，是隆务寺的属寺，

年都乎寺　张傲摄

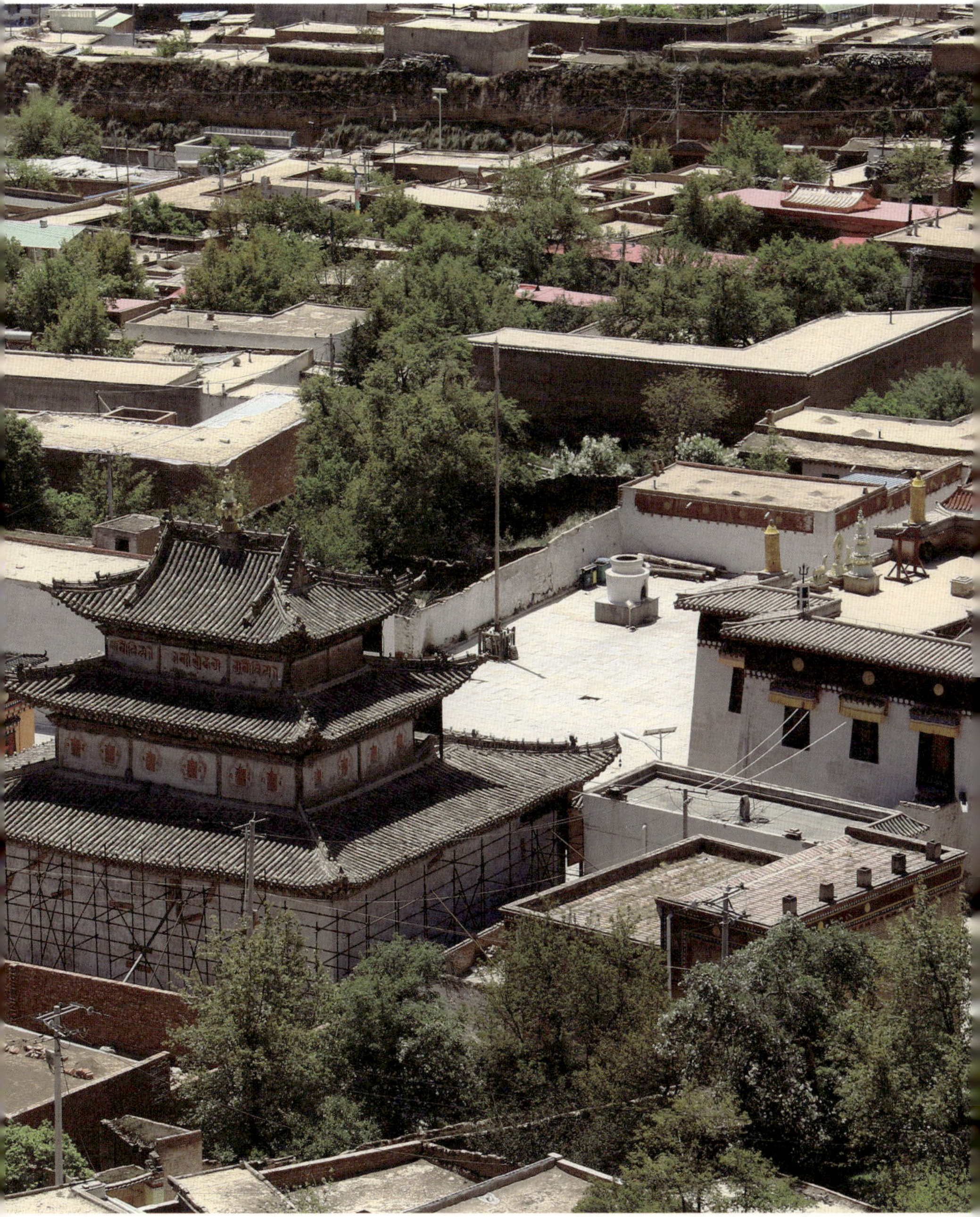

它和年都乎的於菟活动有着千丝万缕的联系。

年都乎寺总面积81亩，供奉主尊为绿度母主从三尊，佛高11尺，另外还供奉有木雕宗喀巴大师佛像3尊、9幅净土唐卡、四大天王像等。令人叹为观止的是，寺院大殿内、外墙及屋顶均绘制了已有530多年历史的壁画！

和很多藏传佛教寺院一样，堆绣也是年都乎寺的一大文化特点。堆绣是塔尔寺"艺术三绝"之一，但鲜为人知的是，年都乎村的堆绣是最为著名的。在隆务河的滋润下，同仁县形成了别具一格的热贡艺术，周边的每个村落都有自己最擅长的艺术工艺，其中吾屯的唐卡、年都乎的堆绣久负盛名。

接下来有必要对堆绣做一下介绍，因为於菟活动的"主角"，或者说於菟故事的"主人翁"，就是一个堆绣艺人。

堆绣属于唐卡的一种，是用各色棉布、绸缎剪成所设计的各种图案的形状，精心堆贴成一个完整的画面，然后用彩线绣制而成。其工序有图案设计、剪裁、堆贴、绣制，个别图案部分上色等，以堆贴为主，绣制为辅。堆绣分平剪堆绣和立体堆绣两种。平剪堆绣是

年都乎堆绣　张傲摄

　　将剪裁成的各色布料图案堆贴在设计好的白布上，再用彩线绣边即可。在剪裁好的图像内填充棉花或羊毛使图形凸起，然后粘绣在对称的布幔上，再将堆绣好的不同形状的图像用绣缎连成一个巨幅画卷，构成一组完整的画面，悬挂于殿堂之上，所堆绣的形象富有立体感和真实感，故而称为立体堆绣。

　　堆绣的内容大都取材于佛经故事，多以塑造不同的人物形象为主，注重人物的造型和神态，讲究各色绸缎的搭配，粗犷中见细腻，点滴中见绝妙，色彩鲜艳，对比强烈，有较强的立体效果，犹如一幅丝质的彩色浮雕画，体现出较高的工艺美术价值。

　　年都乎村是远近闻名的热贡"堆绣村"，以佛画为主要内容的堆绣，藏语称为"规唐",意为用绸缎制作的唐卡,它是热贡艺术的重要组成部分。这里的艺人们将五彩绸缎经过精心剪裁、细心熨烫和粘贴拼接,成就了一幅幅做工考究、色彩艳丽且具有很强的艺术感染力的佛教艺术品。全村大多数村民都从事堆绣艺术品的加工制作。

年都乎堆绣的传承离不开一个叫久美的艺人,20世纪80年代,久美等老艺人通过口传手教,把自己的堆绣技艺传授给了一个叫桓贡的人,以及村里其他爱好艺术的青年,使得堆绣成为年都乎村大多数农民主要的副业,堆绣艺术也呈现出前所未有的繁荣景象。年都乎堆绣不仅在川、青、甘及西藏等地随处可见,还有不少流传到印度、尼泊尔、美国、日本等国家,在为弘扬和发展民族民间文化做出贡献的同时,人们的生活也因堆绣而发生了翻天覆地的变化。

当然,堆绣也不是"印钞机",一名艺人创作出一幅堆绣作品,没有一个月的工夫根本不行,加之农忙季节还要操心庄稼,一年能做五六幅就算多的啦。此外,堆绣的价格也随行就市,这两年整个市场比较低迷,一幅堆绣作品往往只能卖几百元。如此算来,一名堆绣艺人一年的收入并不是很高。但是,年都乎的堆绣艺人们仍然坚守着自己的艺术阵地,延续着热贡艺术这一国家非遗项目的传承。

年都乎堆绣　张傲摄

[第二章]

・二 郎 神 庙・

二郎神庙在整个同仁地区乃至黄南州都是独一无二的

这似乎印证了年都乎曾是内地驻军营地的说法

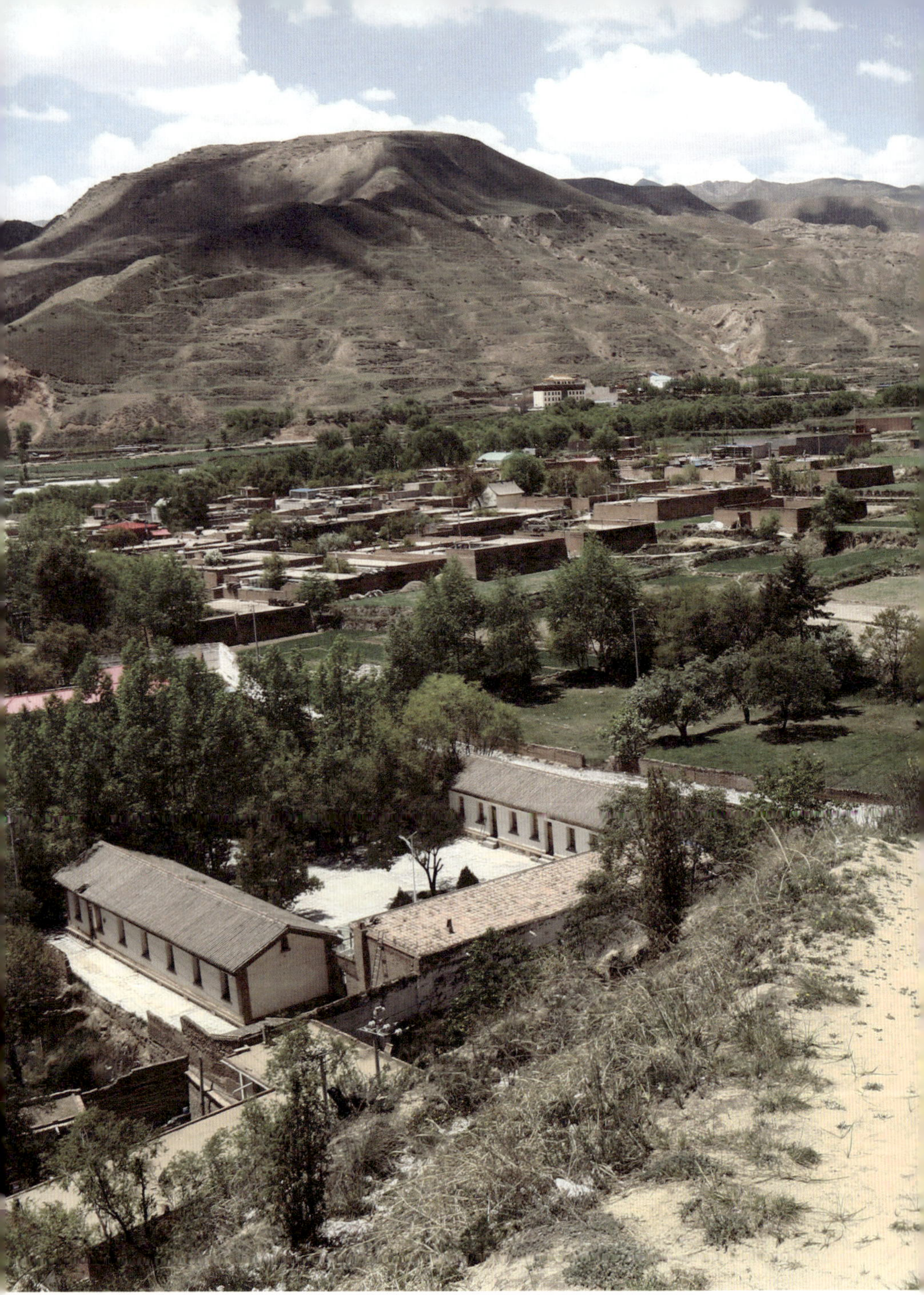

郭麻日郎山上的这条小道就是於菟们下山的路　张傲摄

通往郭麻日郎山有两条道路：一条在村西，那是一条弯弯曲曲的盘山路，从山下看，很难发现它的影子，这条路是水泥路，汽车从这条路可以直接开到山顶；另一条则是羊肠小道，从山下看异常醒目，就像挂在山上的一条丝带，这条小道两旁长满了茅草，如果是夏天，还能看到各色野花，这条路就是於菟活动的路线。

为什么说於菟和郭麻日郎山大有关系？这和山顶的二郎神庙密不可分。

二郎神庙前有一个小型广场，四周是石雕栏杆。非常有趣的是，南北两侧栏杆处的石柱上绑有刀、枪、矛、戟等"冷兵器"。

小广场西侧就是二郎神庙，几个石阶后就进了庙门，庙内北侧偏房前有一个梯子，沿着梯子登上房顶，一门巨大的铁钟就挂在钟楼里。正对钟楼的是大殿，大殿前有煨桑台。大殿为回廊式结构，廊道内的墙壁上绘满了壁画。

杨本动作麻利地打开大殿的大门，二郎神的雕像便出现在我们眼前。杨本是二郎神庙的管家，每天负责打扫卫生，处理寺庙日常事务，包括监管寺庙的财务，更为重要的是，杨本在於菟活动中还要扮演一个角色，那就是充当法师的"助手"，"助手"在整个於菟活动中都是非常重要的。

二郎神庙广场上的"冷兵器"　张傲摄

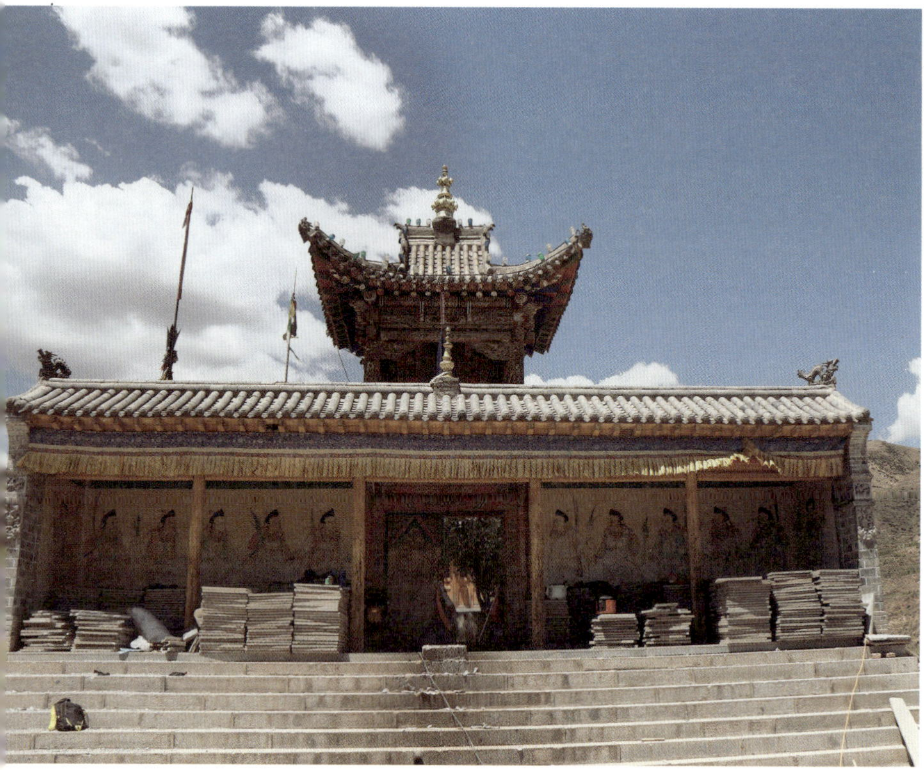

二郎神庙　张傲摄

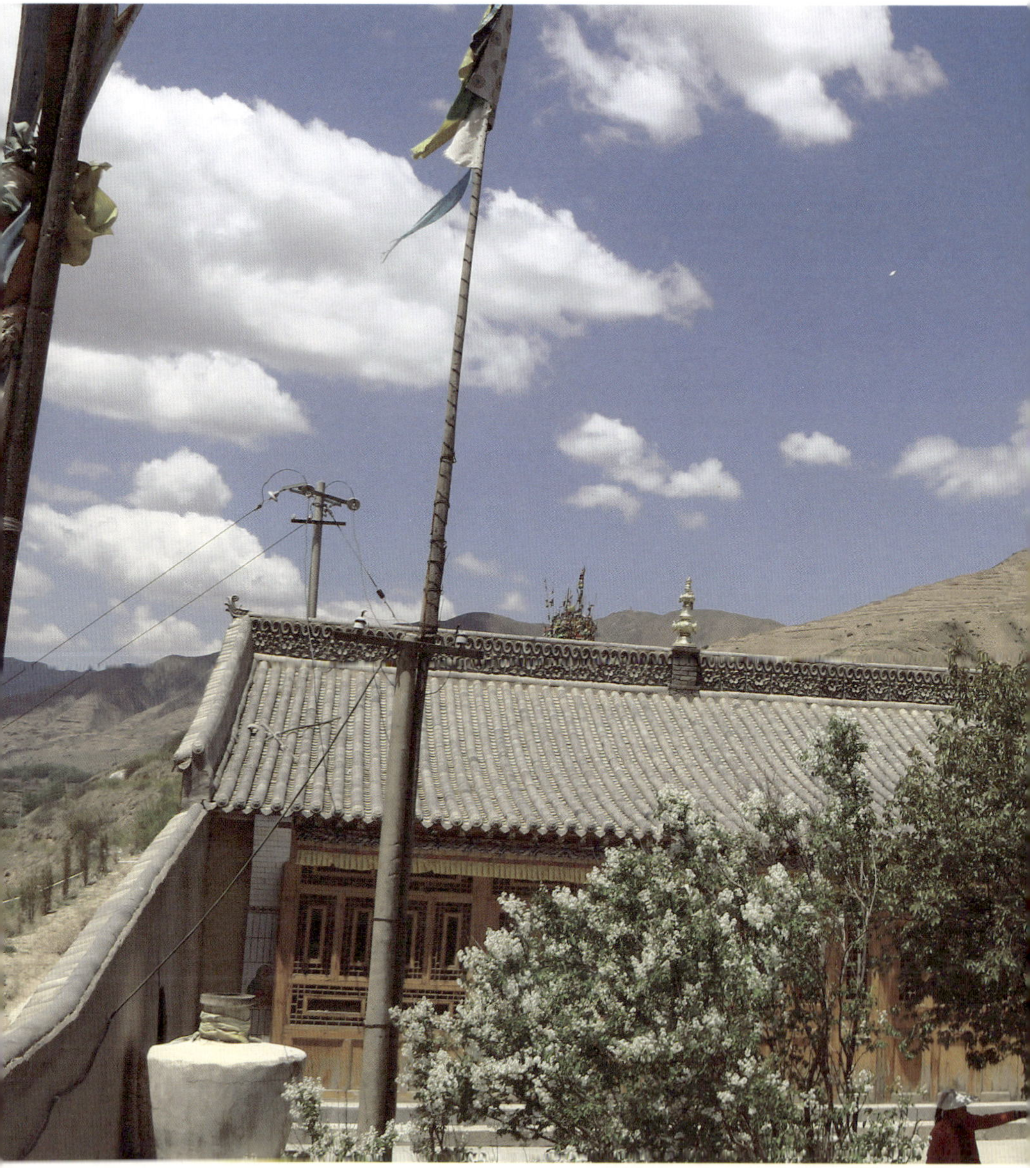

二郎神庙　张傲摄

二郎神庙管家这个职务非比寻常,杨本也是从父辈手中接过来的。在年都乎村,二郎神庙的存在是一个奇迹。按理说,年都乎这个土族村落的村民应该以藏传佛教为主,但是二郎神庙却是一个汉传宗教场所,而二郎神也是村民们心中最重要的神。并且二郎神庙在整个同仁地区乃至黄南州都是独一无二的,这似乎印证了年都乎曾是内地驻军营地的说法。

关于二郎神为何"落户"地处偏远的年都乎,杨本和村民们的说法是一致的:相传,杨二郎是大秦帝国缔造者秦始皇手下一员猛将,跟随秦始皇南征北战,立下赫赫战功。秦始皇一统天下后,杨二郎被任命为皇室总管,负责管理帝国的金银财宝及武器库。开始倒也管理得井井有条、账目清楚、财物有序,但杨二郎毕竟是一介武夫,胆子很大,心却不细,后来也许是疏于管理,也许是喝多了酒,反正他所管理的仓库被盗。按照大秦律法,杨二郎罪该问斩。怎么办?那就逃吧!从大秦都城往东跑肯定没有活路,你想想,大秦当时的疆域已经到了东海;唯有往西逃命,逃往羌地。就这样,杨二郎一路往西狂奔,最终来到热贡地区,抵达现在的年都乎村隐居起来,最终成为年都乎村的保护神。

有关杨二郎在青海的传说不在少数,在昆仑神话体系中,居住在昆仑山的西王母是天庭至高的统治者。传说很早很早以前,青海湖只是一口神泉。孙悟空出世后,偷吃蟠桃,偷喝仙酒,大闹天宫,惹得

玉帝老儿大发雷霆，派出所有的天兵天将捉拿他，谁知都不是他的对手，直打得四大金刚求饶，二十八宿逃命，王母娘娘叫爹喊娘。玉皇大帝惊慌失措，连忙派二郎神杨戬去抵挡。谁知这个二郎神也不是孙悟空的对手，被孙猴子一顿金箍棒打得抱头鼠窜，无处躲藏，只好逃往凡间，想找个僻静处先缓一口气再说。

话说二郎神逃到昆仑山下，觉得此处僻静，还有一眼泉。此时，人困马乏，又渴又饿，二郎神便让随行的童子取下随身所带的锅，取泉水做饭。他拣了三块白石头，支起一个"三石一顶锅"。哪知童子从神泉取水后忘了盖上盖子，等他把锅架好，把盐下到锅里，泉水早已溢成了汪洋大海，淹没了附近的村庄人畜，由此形成了青海湖。

二郎神正想打个盹儿，被这漫天洪水惊醒，急忙中没了主意，慌慌张张在今柴达木地方胡乱抓了一座山，压在神泉的泉口上，就成了现在青海湖中的海心山。当时二郎神因为心慌意乱，抓得深了一些，抓成了坑，所以现在的柴达木就成了盆地。

再说孙悟空找不到杨戬，便用火眼金睛四下里一瞅，看见二郎神躲在昆仑山脚准备烧火做饭。于是他打了一个筋斗云，来到昆仑山，悄悄躲在二郎神的背后，突然高声喊道："你在这里准备午饭，为啥不请俺老孙？！"二郎神一听这声音，头皮发麻，慌不择路，一脚踢翻了锅，领着童子逃命去也。

那三块用于支锅的白石头，就是现在的海心西山。而锅中倒出的水流入青海湖，因为已经下了盐，所以青海湖的水是咸的。孙

二郎神庙内的壁画　张傲摄

悟空紧追不舍，举起金箍棒一通打，"哗啦"一声，二郎神背的盐袋子被划开一条大口子，漏下了一堆又一堆的盐，于是青海湖畔就有了大大小小数不清的盐湖和盐泽……

　　站在二郎神庙小广场南侧，整个年都乎村都收入眼底，年都乎古堡上的钟楼也清晰可见，还能隐约看到年都乎拉卡村和古堡内也各有一座庙宇。可别小看这两座规模不大的庙宇，拉卡村供奉的阿尼玛卿神和古堡内供奉的达日加神，都会在於菟活动中出现。

青海是众神齐聚的地方，除了庞大的昆仑神话体系，青海藏区还有自己的山神，其中以阿尼玛卿为神山之最。阿尼玛卿山和西藏的冈仁波齐峰、云南的梅里雪山、青海的尕朵觉沃并称为中国藏区四大神山。

传说阿尼玛卿山神是活山神沃德的第四个儿子。沃德为了拯救藏区百姓，使他们脱离苦难，过上安居乐业的日子，便派老四到安多消灭妖魔、降伏猛兽、惩办坏人。后来老四与其父沃德相会时，修建的九层白玉琼楼变成了阿尼玛卿山神。同时，阿尼玛卿还是格萨尔王的护法神，有着无穷的智慧和慈悲的心肠，他有许多家族、侍从和卫士，还有九位后妃和九子九女环绕在他的身边。

除了阿尼玛卿神，阿米夏琼神也是年都乎村供奉的主神。此外，还有吉姆日郎神、占堆旺秀神、阿尼玛卿神之子、阿米年钦神。阿米夏琼神的驻地是阿米夏琼山，位于青海省同仁县西南15公里处，被藏区群众视为神山。峰顶常年积雪，川壑环拱，山势陡峭，最高海拔4767米，是同仁县境内最高点。盛夏时节，山脚溪水淙淙、苍翠欲滴，峰顶却是白雪皑皑、山舞银蛇，一年四季不同的景色同时呈现在游客眼前，形成亮丽的自然奇观。当地群众每年都会举行大规模的祭祀山神活动，偶有藏传佛教密宗高僧在

站在二郎神庙小广场南侧，整个年都乎村都收入眼底　张傲摄

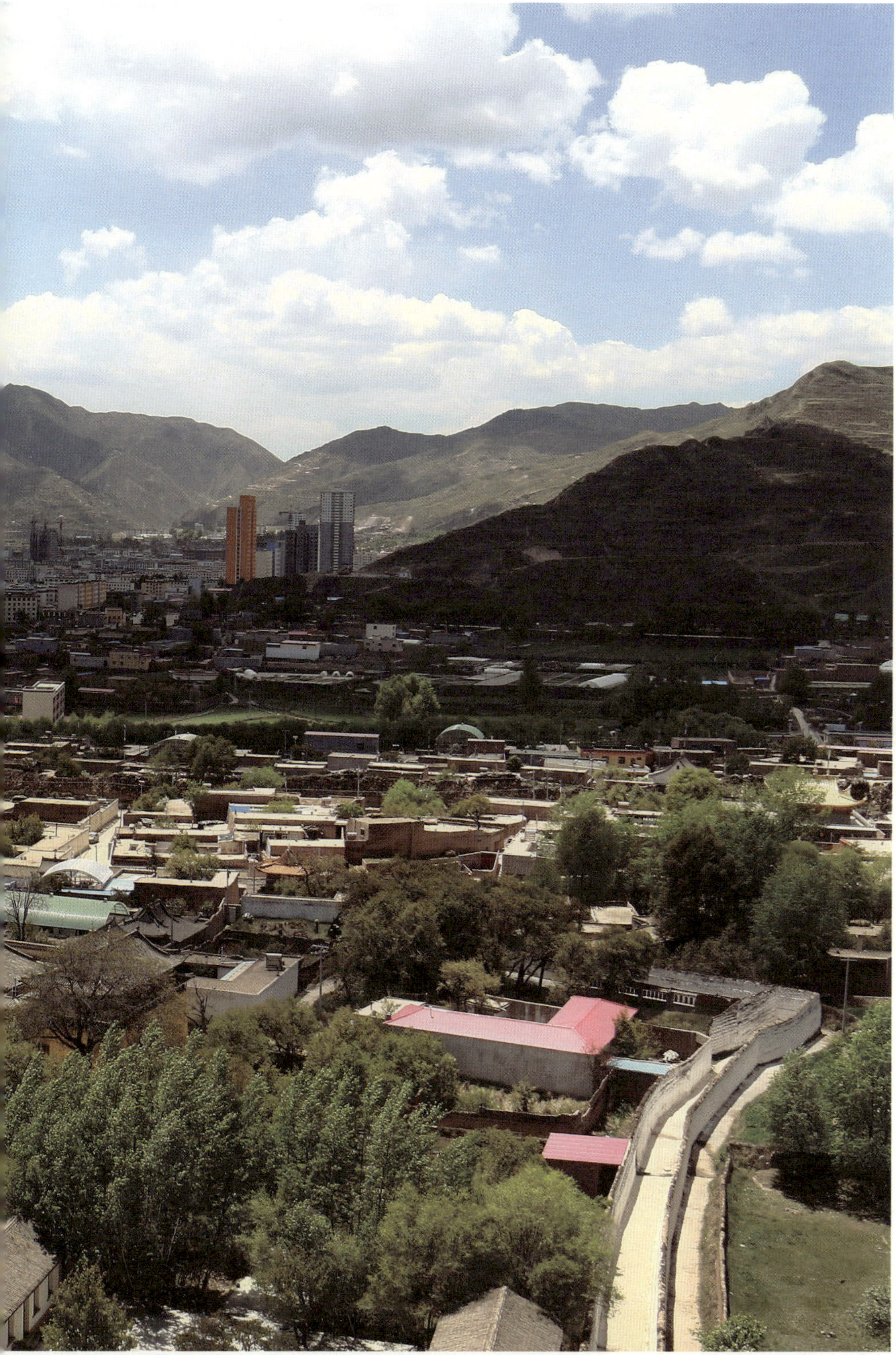

此闭关修行，还有大量国内外登山爱好者前来探险。

阿米夏琼神是同仁众山神的首领，是热贡十二部落共同的守护神，热贡人称之为"域拉加吾"，即地方守护神之王，下辖48位村落守护神，如吾屯的村落守护神阿米达加、年都乎村的古毛俄山神、和日村的阿米德合隆、郭麻日村的贝哈日郎山神。山神是远古先民自然崇拜的产物，民间认为山神有着严格的等级，阿尼玛卿山神为众山神之首，阿米夏琼神排在第八级。通常来说，神山地位高低，一方面与其山体是否雄奇险峻有关，另一方面还与其信众的势力大小、文化表现等有关，而后者对神山的传播和影响作用更大。被列入国家非遗项目的同仁"六月会"，实际上就是一场祭祀阿米夏琼神的盛大活动。同仁"六月会"藏语称"周卦勒柔"，是一项传统的民间活动，原始风味极为浓厚，至今已延续了500多年。传说在很久以前，同仁地区有许多猛兽危害人类，后有大鹏鸟自印度飞来，降伏了这些毒蛇猛兽。藏语把大鹏鸟叫"夏琼"，为了供奉夏琼神，也为了保佑风调雨顺、五谷丰登，沿隆务河两岸12公里内的藏族、土族村庄都会举行盛大的祭祀活动。

每个村庄的活动各有特色，以祈求风调雨顺、五谷丰登为目的，开展融宗教、祭祀、娱神、娱人于一体的宗族祭祀活动，包括煨桑、请神、龙鼓、舞蹈、祭祀等，还有上口钎、开山、小品和山歌等。

每年农历六月十六日，"六月会"祭祀活动首先从隆务寺旁的四合吉藏族村庄拉开序幕，这是因为四合吉供奉着热贡地区最大的神——

阿米夏琼神。按照"六月会"的时间表，年都乎的祭祀活动应在农历六月二十至二十五日举行，主要活动是神舞和上口扦。

上口扦和上背扦是"六月会"中最神奇、最具特色的活动。活动中，法师为自愿参加活动的年轻人在左右腮帮扎入钢针。这钢针非比寻常，大小和我们烧烤用的铁扦差不多，一头尖如针状，另一头拴着彩色绸布条。当法师将钢针扎入年轻人的腮帮时，都会引起外来围观者的惊叹。更让人惊奇的是，钢针穿透腮帮深入口腔内，却不会出血，拔出钢针后也不会留下任何伤疤！上背扦更让人看得心惊肉跳，整个背上都会插满钢针，足有20根之多，同样也是不会流一滴血，不会留下伤疤。上口扦还有一个名称——锁口。据说，此举可防止病从口入，保佑一年健康平安。

年都乎二郎神庙内供奉的不仅仅是二郎神，还有阿尼玛卿神、阿米夏琼神、阿米年钦神、战神。管家杨本这样形容：阿尼玛卿神、阿米年钦神是整个藏区的神，阿米夏琼神是黄南藏区的神，二郎神则是本村的神。战神在安多藏区众神中的地位也不可小觑，阿尼玛卿、年保玉则、雍仲吉合是果洛地区的三大神山，阿尼玛卿由果洛的地方神上升为安多最大的山神；年保玉则因为横亘于甘、青、川三省交界处，受到三地民众的崇拜，其地位仅次于阿尼玛卿，不仅成为果洛人的祖先神，还成为战神。

在热贡地区众神中，阿米年钦显得有些特别，他是仅次于阿尼玛卿的大山神，在藏区很有威望，却地处农牧接合部的甘肃省夏河县，受到热贡和甘南一带群众的祭拜，将其视为社区神、地域保护神。在热贡地区，民间至今仍流传着许多关于这位山神的传说，如阿米年钦偏袒隆务寺抢夺阿尼玛卿的夫人，以及与拉卜楞寺的恩怨并最终被收服的故事和传说等。

[第三章]

"邦"祭开始

於菟是「邦」祭的主要组成部分

或者说

「邦」祭是於菟的前奏

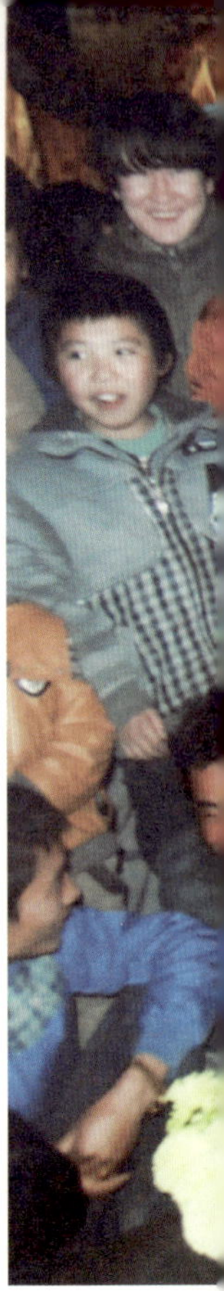

"邦"祭是於菟的前奏 张傲摄

在很多人看来，年都乎於菟活动是于农历十一月二十日这一天在二郎神庙和古堡内举行的；也有对於菟稍有了解的人认为，於菟开始于农历十一月十九日的晚上。实际上，於菟活动真正开始是"邦"祭开始的时间，也就是说，"邦"祭是於菟的前奏，或者说，於菟是"邦"祭的主要组成部分。

年都乎"邦"祭共有四次：第一次在农历十一月初八举行，随后依次为农历十一月十二日、十一月十四日、十一月十九日，而农历十一月二十日就是盛大的於菟活动。

看到这里，相信不少读者对於菟还是不甚了解。从字面上讲，"於菟"是一个古词，早在《左传·宣公四年》中就有记载：楚人谓乳谷，谓虎於菟。《辞海》："於菟，虎的别称。"《辞源》中的解释是：今湖北省云梦县址古称於菟。传说，楚国著名的政治家令尹子文是一个私生子，被丢弃在云梦泽这一地方，被一只母虎抚育长大，其名榖於菟，当时楚国称老虎为"於菟"，把喂乳叫"榖"，因而这个地方就被称为於菟。从含义上讲，"於菟"属于古楚巫舞，是楚人的崇虎傩俗。

穿戴整齐的阿吾法师　张傲摄

关于年都乎於菟的由来，最主流的说法是随明代军队戍边屯田而传入青海同仁说。此说认为，於菟舞应为春秋时期的楚文化遗存。此说除了从名称断定外，还从楚国盛行巫风来考证。《汉书·地理志下》载：楚俗"信巫鬼，重淫祀"。由此可见楚国巫风之盛，较同期其他各国有过之而无不及。作为先祖用来祭山神祛妖求吉的於菟舞，从现代形式和内容都含有楚国楚风的绪余。梁代江陵人宗懔编撰的《荆楚岁时记》中载，楚人逢年节有"门画与虎"避邪之习俗，此说虽不能完全说明楚人有无崇虎之情，但可以说明以虎作为镇妖兽是一可信的证据。

1929年，年过半百的鲁迅做了父亲，小海婴在给他带来幸福的同时，也让他感到生活的辛苦。海婴非常淘气，经常到处乱翻，弄得书房乱七八糟，鲁迅边整理边给儿子说好话。朋友们都说鲁迅太溺爱孩子，鲁迅坦然写下《答客诮》："无情未必真豪杰，怜子如何不丈夫？知否兴风狂啸者，回眸时看小於菟。"这首诗中的"小於菟"，应该就是"小老虎"的意思。

既然於菟属于楚风古舞，是楚人信巫崇虎的遗迹，怎么会流传到青藏高原上的年都乎呢？有人分析，从历史上看，同仁地区在古代为边关要地，也是兵家必争之地。据

年轻时的阿吾法师。张傲摄

史书载，自秦汉以来，多有军队戍边屯田。明初又有江南移民移居此地，20世纪50年代末在年都乎村发掘的大明时期的文物——王廷义石碑就是一个例证，此碑现在仍立在年都乎村。总之，於菟舞随着历史的变迁从江南楚地或楚人后裔巴人住地流传而来，在村民祭山神的习俗中，由巫觋传承沿袭保留至今。甚至有人说，於菟是楚风舞蹈的活化石，也是楚文化遗产中的瑰宝。

当然，对于於菟的起源，还有其他说法，比如有人说是远古时代生活在青海的古羌人崇拜虎图腾的绪余之说；也有人说土族崇虎源于内蒙古草原，随迁徙而带至同仁土族所居之地。

进入农历十一月初八，隆务河和年都乎河都安静了下来，河滩上的树木早就脱下绿装，一只乌鸦在一棵柳树上大喊大叫，然后穿过被雪覆盖的田野，再飞过年都乎村人家的屋顶，径直朝二郎神庙方向而去。也就是在这个时候，於菟活动或者说"邦"祭活动的法师阿吾和二郎神庙的管家杨本早早起床，阿吾要做的第一件事就是将珍藏的法师专用的袍子和帽子"请"出来，袍子和当地的藏族服饰有点儿相似，帽子却很特别，跟我们看到的《西游记》中唐僧戴的别无二致。这套行头阿吾只有在"邦"祭或於菟活动时才会"请"出来穿戴在身上，平常藏在家里从不示人。

阿吾小时候有一个正儿八经的"官名"，叫多杰拉旦，但不知为什么，大家一直都叫他阿吾，到现在户口本和身份证上的名字也是阿吾。

在土族语言中，"阿吾"是"阿哥"或者"男孩"的意思，也就是说，每个土族男子都可以叫阿吾，女孩则被称为阿姑。

法师阿吾现在还有另外一个头衔——土族於菟国家级非遗传承人，他也是这一国家级非遗项目唯一的传承人。於菟法师不是谁想当就能当的，认定需要一定的程序。於菟法师有着清晰的传承脉络，一般都是子承父辈，但必须经过年都乎寺或隆务寺活佛认定。今年62岁的阿吾从1980年开始接过於菟法师的衣钵，至今已经38个年头，也就是说，他即将主持的於菟活动，是他

"邦"祭活动中供奉的祭品　张傲摄

第三十八次做於菟的"主持"。

严格地说，於菟法师是代代相传的，但有些意外的是，阿吾是继承了爷爷的於菟法师传承人角色。在於菟传承的数百年间，法师被当地人亲切地称为"拉哇"。可是，谁也不曾想到，"拉哇"也有失业的时候。"文革"期间，年都乎於菟活动被叫停，於菟法师的称号在阿吾父亲的手里断了线。1980年随着改革开放的春风，年都乎的於菟再次跳了起来，阿吾成为第七代於菟"拉哇"，也成为改革开放后第一代於菟法师。

农历十一月初八这一天，就在阿吾请出法师衣冠的时候，二郎神庙的管家杨本也早早打开庙门，把寺院打扫得干干净净。村里的男人们这一天的早饭和午饭也都吃得瓷实，有些人还喝了几口青稞酒，他们都为"邦"祭活动做好了充分的准备。

与此同时，年都乎拉卡村村民增太家的大门开得比往常要早，院落同样被打扫得干干净净，尤其是主室，炕上收拾妥当，灶里添了更多的柴火和牛粪，一张八仙桌早就摆放在房屋正中。

年都乎村土族人家的主房很是特别，是典型的"锅台连灶"结构，大炕和锅灶连在一起，是接待客人的主要场所，也是生火做饭的所在。青海冬季气候严寒，生火做饭所产生的热量舍不得白白浪费，所以聪明的青海先民就发明了"锅台连灶"，灶台的烟道通过大炕后再被抽到房屋外边，这就确保了房间内的温暖。

剪裁晚上"邦"祭活动所需的"邦那咕"　张傲摄

不一会儿，增太家便迎来了不少客人，他们都是左邻右舍前来帮忙的。今年，增太家是"邦主"，今天就要迎请二郎神到来，全家人也好，全村人也好，都不敢有丝毫懈怠。因此，头一天"邦主"增太到县城置办了不少东西，有香蕉等水果，还有绢花、青稞酒，等等，就像过年办年货一样丰富。

"邦"祭是於菟舞驱邪的前奏和序幕，於菟活动开始前，年都乎村有四个"邦"祭，是按四个"措瓦"（部落）分的，每个"措瓦"每年轮排一户人家，是按神的旨意从上一年抬神轿者中自由选择的。

能将神"请"到家中，在年都乎村的村民们看来是一种福祉，整整一年都会心想事成、健康幸福。

上午 10 点钟，"邦主"增太准时到达阿吾家，一阵寒暄后，增太请求阿吾："今年的'邦'祭在我家，还烦请您前来！"阿吾遂拿起早已准备好的白色毛边纸、剪刀、桑袋、哈达、白酒，和增太一起走出家门。到达"邦主"增太家后，阿吾检查了一番"邦"祭所用的供品，然后开始剪裁晚上"邦"祭活动所需的"邦那咕"，也就是各种祭品。阿吾对剪刀的运用相当娴熟，如同他平日里做堆绣、唐卡时一样，每个图案早就深深地烙印在他的心里，几个小时后，他的身边就多出了一堆用白纸剪裁的神、房子等，前来帮忙的人们将这些"邦那咕"悬挂在增太家的房梁上。

[第四章]

阿吾法师

阿吾就在这个时候隆重登场
身上穿着法师的袍子
头上戴着「五佛冠」

阿吾法师正式亮相是在农历十一月初八的晚上。

这天下午 5 点钟，时间不早不晚，二郎神庙的管家杨本看到村里 50 余名男子走进二郎神庙，他们的年龄都在 15 岁以上，最大的 60 多岁，他们手里都拿着青稞、面粉，当然还有松柏枝和青稞酒。

到达二郎神庙后，大家一起围在煨桑台前，将手里的面粉、青稞、松柏枝放进煨桑炉，偶尔也有人将青稞酒倒进去，袅袅青烟徐徐升腾，空气中弥漫着松柏枝的清香。

杨本早已将神轿安放好，人们走到二郎神木雕像前，小心翼翼地将神像抬进轿子里，与此同时，四个身强体壮的小伙子抬起了轿子——一旦二郎神"坐进"轿子，神轿是不能落地的！

小伙子们抬着神轿走出大殿时，西边的霞光早已将二郎神庙镀成了金色，让寺院更显神秘。走下庙门的台阶，穿过庙前的小广场，再走下几阶台阶，下山的羊肠小道便弯弯曲曲地呈现在眼前，道路两侧枯黄的杂草上星星点点的积雪，就像一朵朵洁白的花朵，在夕阳下勾勒出一幅美丽的画卷。抬神轿的人不用担心路滑，因为路上的雪早被风吹散了，但因为山路崎岖，在前往拉卡村"邦主"家长约一里的路上，不少年轻人主动替换着抬神轿。就这样，在众人的簇拥下，20分钟后，神轿被抬进"邦主"家。

进到"邦主"增太家的院子，人们落下神轿，小心地将二郎神像"请"进主房提前准备好的八仙桌上。神像一定要放在高处，神轿则必须放到房顶上，所以几个小伙子顺着梯子爬上房顶，将神轿小心翼翼地安置好。

"邦"祭活动中连喝酒也极具仪式感　张傲摄

主房内的祭坛早已设好，邦主"增太"家特制的12个碟子大小的油饼被供奉在二郎神像前，此外还有水果、青稞酒、绢花等。

一切安排停当后，众人还要在院子里煨桑、祭酒、献哈达。此时时针已经指向数字"7"，人们便在"邦主"增太家的主房集中起来，面朝神像或坐或站。阿吾就在这个时候隆重登场，身上穿着法师的袍子——和当地的藏族服饰没有太大的区别——头上戴着"五佛冠"，上有五个佛祖的画像，一只手拿着羊皮龙鼓，另一只手拿着小木棍。杨本也出现在阿吾身后，手里拿着一个铜锣。

"邦"祭活动　张傲摄

平时的阿吾慈眉善目，看见每位村民都会报以微笑，村民们都很喜欢他；而当他以法师装扮时，人们就会肃然起敬。他出现后，房间内很快就安静下来，静得连一根针掉在地上都听得见，因为人们知道，法师要开始念平安经了。

阿吾虽然个头儿不高，但此时在人群中绝对是"鹤立鸡群"，所有人的目光都集中在他身上。"咚咚咚"！阿吾法师手中的羊皮鼓突然响了起来，紧接着，杨本手里的铜锣也敲响了。作为多年的"助手"，杨本和阿吾法师的配合相当默契，铜锣的节奏完全是跟着羊皮鼓的节奏走的。

锣鼓声响起的同时，阿吾法师开始念念有词。这种平安经是"邦"祭活动的主打，没有任何文字记载，完全是靠口耳相传，延续了数百年。阿吾法师并不是一动不动地念平安经，而是围着神像不断地变换位置，对着四个方位念，拜东南西北四方神，寓意四方平安。

平安经要半个小时才能念完，接下来是跳舞等娱乐活动，其中有一个游戏非常有意思：自愿当"赛子"的六个小伙子（土语称"玩邦的赛子"），每人手里各持一种不同的道具，有香头、馍馍、奶茶、酥油灯、酒瓶或"邦那咕"，阿吾法师和"助手"杨本在大房间里围着悬挂在房梁上的"邦那咕"，随着杨本的铜锣声和阿吾法师的口令："抬起脚""转过来""转过去""扭屁股"，六个"赛子"做出各种滑稽的动作，来取悦参加"邦"祭的观众。然后，八个人围成一圈席地而坐。

阿吾法师用汉语问第一个"赛子"：双猜吗单猜？

对方答曰：单猜（或双猜）。

阿吾法师又问：单猜哪里有哩？

对方答曰：家里有哩。

这几句问答是约定俗成的，也是於菟法师代代传承下来的环节。

接下来阿吾法师用藏语问：你手里拿的是什么东西？

对方答曰：是酒。

阿吾再问：你说汉话方便还是藏话方便？

对方答曰：汉话（或藏话，都可以）。

阿吾法师接着问：你有朋友吗？

对方答曰：有（或没有）。

阿吾法师又问：今天想要什么？

对方答曰：想唱拉伊（藏族民歌）。

接着"赛子"开始唱拉伊，唱完一首之后，阿吾就卜卦，若卦器全部朝向正面或反面，歌者必须再唱一首，直到阿吾法师的卦器一正一反，才轮到下一位演唱，一直唱到神高兴，大家尽兴，六个"赛子"全部唱完为止。

舞蹈跳的当然是锅庄，因为房间里的人实在是太多了，每个人跳舞的动作幅度自然不会太大，不可能像平常那样甩开袖子无拘无束地跳，尽管如此，大家还是非常尽兴。在舞蹈过程中，阿吾法师始终敲着羊皮鼓，这鼓点自然就成为舞者的节奏。整个过程，大家欢歌笑语声不断，其热闹程度不亚于"花儿会"。

舞蹈要持续一个多小时,在跳舞的当儿,"邦主"家的女主人已经忙活起来,她要给大家做夜宵。跳完锅庄,一些男人们开始喝酒,阿吾法师不喝酒,这并不是什么规矩,只是他对酒没兴趣。

灶膛里的火越来越旺,映红了每个人的脸庞,房间里也越来越热,锅里飘出的香气刺激着每个人的味蕾。"邦"祭活动其实就是人神共娱,或者更像一次团聚。女主人做的是拿手的面食,因为前来欢聚的人太多,炒几样菜不够分享,于是来一大锅面条,里面烩有羊肉,你别说,此时此刻吃一碗热腾腾、香喷喷的羊肉烩面,那可真是一种享受!

大家吃饱喝足了,"邦主"增太家的时钟也敲响了11下,这时候阿吾知道该散场了,便起身收拾东西,其他人见状也纷纷向"邦主"增太告辞,向女主人表示谢意,感谢她的盛情款待。

走出"邦主"增太家的大门,不少人发现年都乎夜晚的星星是那么明亮,将村里新铺的水泥路都照亮了。于是,一些意犹未尽的小伙子边走边唱起了拉伊……

[第五章]

·凌晨5点·

今天是送神的日子
要把在家里「住」了一夜的二郎神
「送」回二郎神庙

因为冬季夜晚长,农历十一月初九凌晨 5 点,东方的天空还没有出现鱼肚白,隆务河畔其他村落的人们还在酣睡,年都乎拉卡村"邦主"增太家早已灯火通明,一片喧闹。今天是送神的日子——要把在家里"住"了一夜的二郎神"送"回二郎神庙。人们常说请神容易送神难,其实在年都乎的"邦"祭中,送神并不难,只是必须赶在天亮前将神"送"走。

村里的年轻人陆续到了,"邦主"增太家的小院顿时热闹起来。虽然看不清每个人的脸,但"邦主"增太明显感觉到大家都很高兴,他们有的还在说昨晚的事儿,说到"赛子"跳的扭屁股舞,大家一起哈哈大笑起来。

这时,有几个年轻人沿着梯子爬上房顶,把神轿抬回到院落中央。"邦主"增太则忙着把敬献在二郎神前,插在粮食盆子里的约 60 个"邦那咕"搬到摆在院子里的桌子上。一切停当后,阿吾法师也如约而至,送神祭活动马上就要开始了。

"邦"祭活动　张傲摄

阿吾法师首先在"邦主"增太家的煨桑台里煨好桑,然后再次敲响手中的羊皮鼓,用嘴叼起两个"邦那咕",边敲鼓边送回到屋里的桌子上。这显然是一个苦力活儿,60个"邦那咕",阿吾法师需要往返30个来回才能全部送回到屋内。这一过程有着很好的寓意,即财源滚滚、财运亨通。接着,村里各家各户也开始在"邦主"增太家煨桑,以示对二郎神的祭祀,然后把敬献在二郎神前的"邦那咕"带回自己家,放到最高处避邪。

随着阿吾法师祭祀活动的结束,小伙子们再次把二郎神像抬起来,从屋内抬到院子里,放进神轿。四个壮汉早已抬起了轿子,同样,送神时也不允许神轿落地。因为是上山,抬轿者明显感到比"请"神时吃力得多,加上天色晦暗,换人的频次比前一天多了不少，行走的时间也多了十几分钟。

就在抬着神轿行走的过程中，有人说："明年二郎神该到我家了吧？"声音虽然不大，但大家都听得清清楚楚。没有人提出反对意见，这是村民之间一种高度的默契，他们认为，作为村落保护神，二郎神不会偏袒任何一家，必定会到每一家去，所以才会每年轮流当"邦主"，他们认为这是神的旨意。就这样，第二年农历十一月初八"邦"祭活动的新"邦主"在这个清晨诞生了。

无论是请神还是送神，阿吾法师都不需要亲自护送，他只需在"邦主"家做自己该做的事儿，至于二郎神怎么抬、怎么放，有二郎神庙的管家杨本操心就可以了。神像被抬进庙门后，杨本指挥人家把神像放进神龛，然后和往常一样，在煨桑台里煨上桑。

就在二郎神像被"送"回二郎神庙后，阿吾法师带领"邦主"增太等人来到村外一个偏僻的地方，把"邦"祭剩余的道具烧掉，并祷告东西南北四方神，保佑来年全村四季平安、风调雨顺。

直到此时，第一场"邦"祭活动才算正式结束。

刚才已经说过，农历十一月二十日於菟活动开始前，年都乎要举行四次"邦"祭活动：第一次为农历十一月初八，第二次在农历十一月十二日，第三次在农历十一月十四日，第四次在农历十一月十九日，每次"邦"祭活动的流程都是一样的，只是所"请"的神不一样，"邦主"分别是四户人家。农历十一月初八"请"的是二郎神，农历十一月十二日"请"的是阿尼玛卿神，农历十一月十四日"请"的是达日加神，第四次"请"的仍然是二郎神。

为什么於菟活动之前要进行四次"邦"祭，而不是五次或六次？

剪制"邦"祭活动所需用品　张傲摄

这还得从年都乎的部落甚至藏区的部落制度说起。

众所周知，1949年以前藏区都是按部落划分和管理的，一个大的区域内有一个大部落，由部落头人进行管理，如，囊谦王管辖着玉树绝大多数地区，昂拉千户则管辖着尖扎、循化的大片区域。在大部落下，还会细分很多小部落，如"环湖八族""西仓十二部落""热贡十二部落"等，再往下细分，一个村落内还会有数个小部落，就是我们经常听到的"措瓦"，并且每个小部落的人们之间多数都有血缘关系。前面也已经说过，山神是有等级的，除了整个藏区信奉的大山神和村落共有的山神之外，每个小部落还有自己的山神，或者说，每个小部落都有着自认为是自己部落的保护神。很显然，以前年都乎有四个小部落，所以也就有了四次"邦"祭。这四次"邦"祭中所"请"的山神，都有各自的管辖区域，即一个小部落内的人家之间轮流"请"属于自己部落的山神，而不会"请"属于其他部落的山神。1949年以后，年都乎的部落制度和其他藏区一样土崩瓦解，农牧民过上了幸福的新生活，不再受奴隶主的剥削和压迫。如今，年都乎的四个小部落变身为拉卡村、西拉村、上贡村、上秀村四个自然村，四次"邦"祭活动，就是在四个自然村中各自开展的。

写到这里，忽然想到一位藏族朋友对我说过的一句话：庙门不可乱进，神不可以乱拜，要拜属于自己的神。之前一直不理解这句话的意思，现在多少有些明白，因为一些庙宇里供奉的可能只是属于某一个区域的"小神仙",即便拜了也不会有多大作用,因为这位"小神仙"只护佑这一个小区域。尤其是在青海海东地区,很多村落都有一座小庙,庙里供奉的就是当地的土地神,或者被神话的一个人物,并且这个人物和他们的先祖有关,或者直接就是将他们的先祖神话后予以供奉。

当然,这种民间文化现象还有待专家们深入研究。

[第六章]

七只"老虎"

於菟不仅是整个活动的名称

也是七个参与者共有的名字

之前网络上很多资料介绍说，参加年都乎於菟活动的"老虎"，是法师在前一天晚上选出来的。其实，这一说法是错误的。还有一个问题，那就是有些关于於菟的介绍说，参与跳於菟的"老虎"是八只，有些则说是七只，这又是怎么回事呢？

阿吾法师说，如今参加於菟活动的"老虎"共有七只，其中有两只"大老虎"、五只"小老虎"。年都乎人不叫他们"老虎"，而是延续了远古时代的称呼——於菟。因此，於菟不仅是整个活动的名称，也是七个参与者共有的名字。

参加活动的"老虎"的选拔，其实是由各个自然村、社来决定的。前面已经说过，历史上年都乎曾经有四个小部落，最终形成四个自然村。"老虎"就是在这四个自然村里诞生的吗？答案没有这么简单。

实际上，在漫长的历史进程中，年都乎最终形成了八个小部落。阿吾法师的儿子周本才让告诉我一个重要的信息，他说，按照当地土语音译成汉语，年都乎这八个小部落分别被称为宗卡、汪家、措合家、麻吉玛、坚吉玛、相萨、蒋西,这八个小部落曾经被划分为生产队,如今被称为社,不过年都乎人仍然习惯称它们为生产队,这八个村社是年都乎村落最基本的构成单元,跳於菟的"老虎"其实就是从这八个村社中挑选出来的。那么,新的问题来了:如果每个村社选出一只"老虎",应该共有八只,为什么只有七只"老虎"参加活动呢?关于这个问题,阿吾法师语焉不详,说他也搞不明白。

其实,早在进入年都乎时,我就发现了一个奇怪的现象:在跨过年都乎河前往年都乎古堡时,首先要穿过一个村庄,这就是拉卡村。拉卡村虽然是年都乎的一个自然村,但它和古堡之间还有一段距离。也可以这么说,拉卡村是年都乎的门户。因此,年都乎人称拉卡村为城外。

55岁的万德加正在筹划翻新自家房屋,在他的记忆中,参加跳於菟的"老虎"应该有八只,每个生产队都有一只,据说是有一年拉卡村参加跳於菟的"老虎"出了事故,从此以后拉卡

村就再也没有"老虎"了。

阿吾法师也明确表示,现在只有七只"老虎"参加跳於菟,城外的拉卡村没有"老虎"。

还有一个事实,那就是於菟活动主要在古堡内进行,因为那里的房屋一栋连着一栋,密密麻麻地挤在一起,而古堡外的房屋较为分散,不利于於菟活动的开展。

阿吾法师给七只"老虎"讲解注意事项　张傲摄

如今年都乎共有525户人家，其中古堡内有224户，占总户数的一半不到。年都乎是同仁县人口最多的村落，以前有耕地874亩，在县城不断扩大的过程中，现在耕地仅有293亩。"州委、州政府所在地以前也是年都乎的地盘。"年都乎村党支部书记南太说。村里现有人口1997人，但实际人口高达3200多人。这又是怎么回事呢？原来，很多人虽然住在年都乎，是"年都乎人"，却是县城的上班一族。

第四次"邦"祭活动即将开始的农历十一月十九日，天气晴好。年都乎村党支部书记南太和村委会主任青培早早起床，走出大门时，南太并没有抬头关注一下天气，因为他知道，无论天气好坏，於菟都会照常进行。今天，南太和青培所要操心的是"老虎"的选拔。其实，这件事也不需要南太和青培操心，因为各村社早已选出参加今年跳於菟的"老虎"。

选拔"老虎"的程序并不像外界传言的那样复杂，村社里的小伙子自告奋勇报名就是了，如果一个村社有两个以上村民报名参加，村长便会指定其中一人，其余的则会排到下一年参加。所以今年参加跳於菟的"老虎"其实早在上一年就说好了。当然，连续两三年被选为"老虎"也是可以的。

选拔"老虎"的条件并不苛刻，20岁到40岁都行，但必须身体健康，因为如果没有强壮的体格，是很难完成於菟的"规定动作"的。关于这一点，等你看完整个於菟活动就明白了。

和往年一样，今年也要选出七只"老虎"，首先要选出两只"大老虎"。很快，38 岁的丹正和 39 岁的官却就被确定下来。他俩年龄大，有经验，当"大老虎"比较合适。余下的五只"小老虎"也很快被确定下来。南太和青培的心也就放进了肚子里。

在年都乎，能够参与跳於菟是一种荣耀，在这场人神共娱的盛大活动中，全民参与的热情数百年来一直有增无减，而这恰恰就是土族於菟这一国家级非遗得以有序传承的基础。

数千年来，中国农村除了行政管理外，多以群众自治为主，即以家族式管理为主，同族中族长的权威至高无上，他说的话就是村民们遵守的"圣旨"，邻里发生矛盾了，一般都要先找族长调解。在群众自治的长期实践中，各村落形成了一系列乡规民约，以口头约定的形式对村民们的行为进行规范。在年都乎於菟活动中，也能找到这些乡规民约的影子。村里规定：凡是跳於菟的"老虎"，一年内可以不参加村里的集体劳动。在农村，需要集体出动的劳动很多，比如修水渠、修建村道等，都需要每家每户贡献一个劳动力，如果没有劳动力或不出劳动力，则要用物资相抵，多用小麦、青稞等农产品来抵扣。年都乎村给予跳於菟的"老虎"以"豁免权"，也有些免除"劳役"的味道，在一定程度上，对确保参与於菟活动的积极性起到了一定的作用。

[第七章]

从人变神

先给「老虎」们上妆

把他们画成「老虎」

不！是画成神

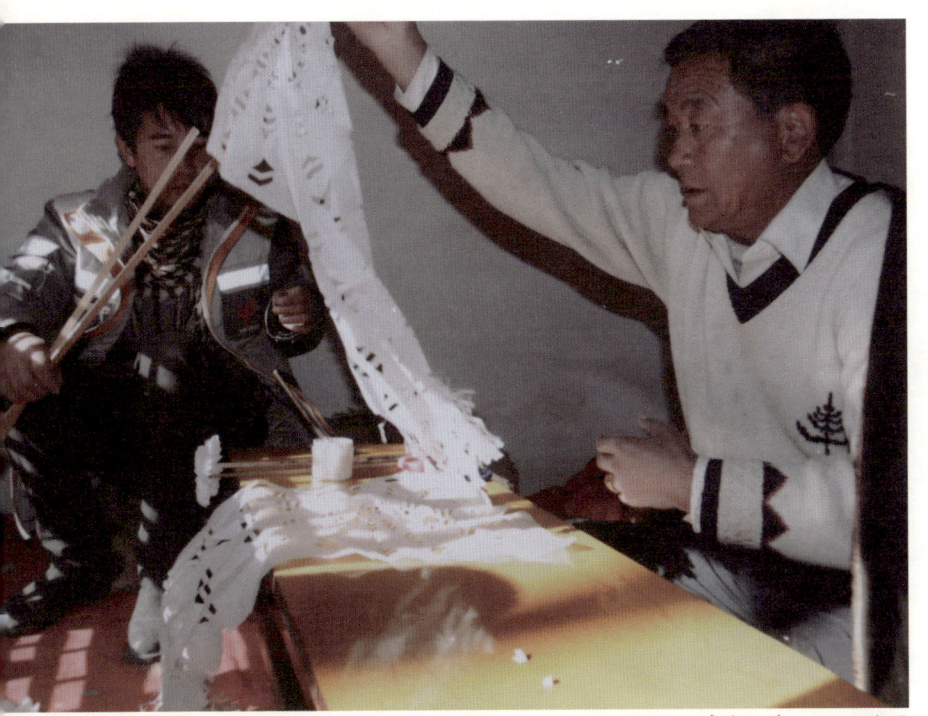

"大老虎"用的"库鲁"剪好了　张傲摄

随着第四次"邦"祭活动拉开序幕，年都乎村注定会再次迎来一个狂欢夜。除了在二郎神像前念平安经，组织大家跳锅庄或唱拉伊，阿吾在农历十一月十九日这一天晚上还要做一件特别的事情：他要准

寒冬里赤身裸体对於苍们来说是一种考验　张傲摄

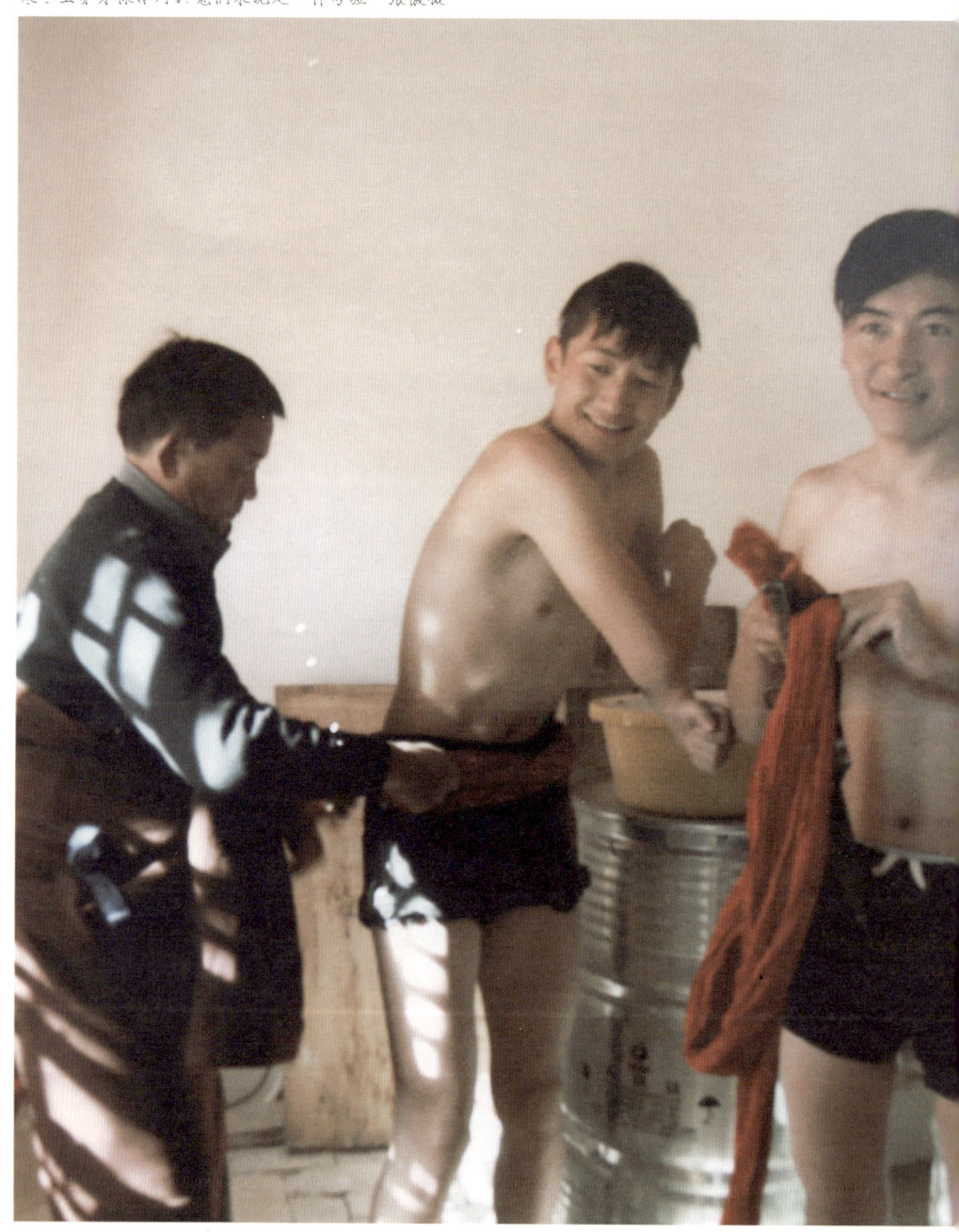

备剪刀，还有一种柔软的白纸，首先，他要给"大老虎"剪两个"库鲁"，也就是宝瓶；再给每只"小老虎"剪一个"克特日"，应该是一张纸符。这些东西在第二天的於菟活动中大有用处，并且是必不可少的。

如同农历十一月初八晚上第一次"邦"祭时那样，"邦主"家灯火通明，人声鼎沸，人们在二郎神面前载歌载舞，用各种欢乐的方式取悦于神，同时也取悦于人。此时，大地冰封，将一年的忙碌彻底放下，也许这就是选在这个季节举办於菟的原因吧。当然，还有一种说法，村里的人们认为，农历十一月二十日是"黑日"，容易遭受邪魔侵袭，必须要在这一天进行驱魔。

在年都乎村周围的树林里有很多泉眼，它们是村落文明的源头，滋养着整个村寨的生命。过去，这些泉眼不仅仅为村民提供生活用水，而且是宁玛派居士们修行的地方，所以一直以来，村民们都不敢在树林里随地大小便、砍树、倒垃圾等。这里被视为"年神"的聚集地。"年"本身就代表着瘟疫之意。"年病"意为与山神有关的恶疾。"年者"意为最残暴的人。"年地"意为世界上最凶险的地方。年都乎人认为，正因为年都乎村处于这样的凶险之地，才会出现於菟这种诵经、娱神、驱邪、祈福的特殊仪式。

人神和谐共处，不仅人要借助神获得精神力量，神也要借助人的力量降妖除魔，这就需要人变成神。

农历十一月二十日清晨，随着二郎神像在二郎神庙归位，年都乎村今年的第四次"邦"祭圆满落下帷幕，与此同时，於菟活动的大幕徐徐拉开。

中午12点整，南方的天空中，太阳终于睁开疲倦的眼睛，也许是刚刚睡醒，恰好就看到了年都乎村二郎神庙里发生的这一幕，不由得激动起来，散发出更多的热量。此时，七只"老虎"正期盼着能有更多的阳光撒进二郎神庙，撒进年都乎，因为此时他们就要脱下棉衣，接受寒风的考验。

七只"老虎"赶到二郎神庙时，他们手里多了两根竹竿，可别小看这些竹竿，它们在於菟活动中可是非常有用的。以前在年都乎於菟活动中，"老虎"们手里拿的多数是从桦树上砍下的枝干，如今为了方便，在通往二郎神庙的山上的俄博处，放有很多竹竿供"老虎"们选用。

此刻，阿吾法师早已在二郎神庙恭候，他照例穿上法师袍子，头戴五佛冠，一手拿着羊皮鼓，一手拿着敲鼓用的小木棍。二郎神庙管家杨本也出现在人们的视线里，他就在阿吾法师身后，手里拿着铜锣。

撒香灰　张傲摄

看到七只"老虎"到了，村民们也陆陆续续地都来了，阿吾法师和杨本并没有敲起鼓来打起锣，他们还有一件重要的事情要做，那就是先给"老虎"们上妆，把他们画成"老虎"，不！是画成神！

38 岁的丹正和 39 岁的官却是今年的"大老虎"，他俩带头脱掉衣服，其他五只"小老虎"也纷纷效仿，并且将裤腿挽到大腿根儿。虽然有太阳带来的暖意，但他们还是不自觉地打了一个冷战。农历十一月的年都乎寒冷异常，最低气温在零下十几摄氏度，将身体暴露在冷空气中肯定不好受。

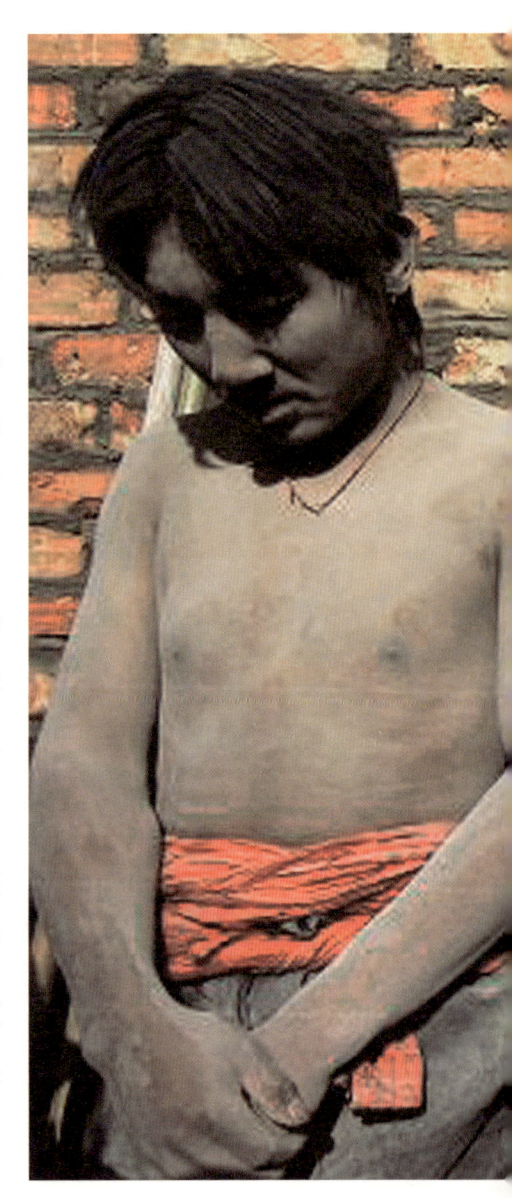

撒完香灰等待化妆　万玛加摄

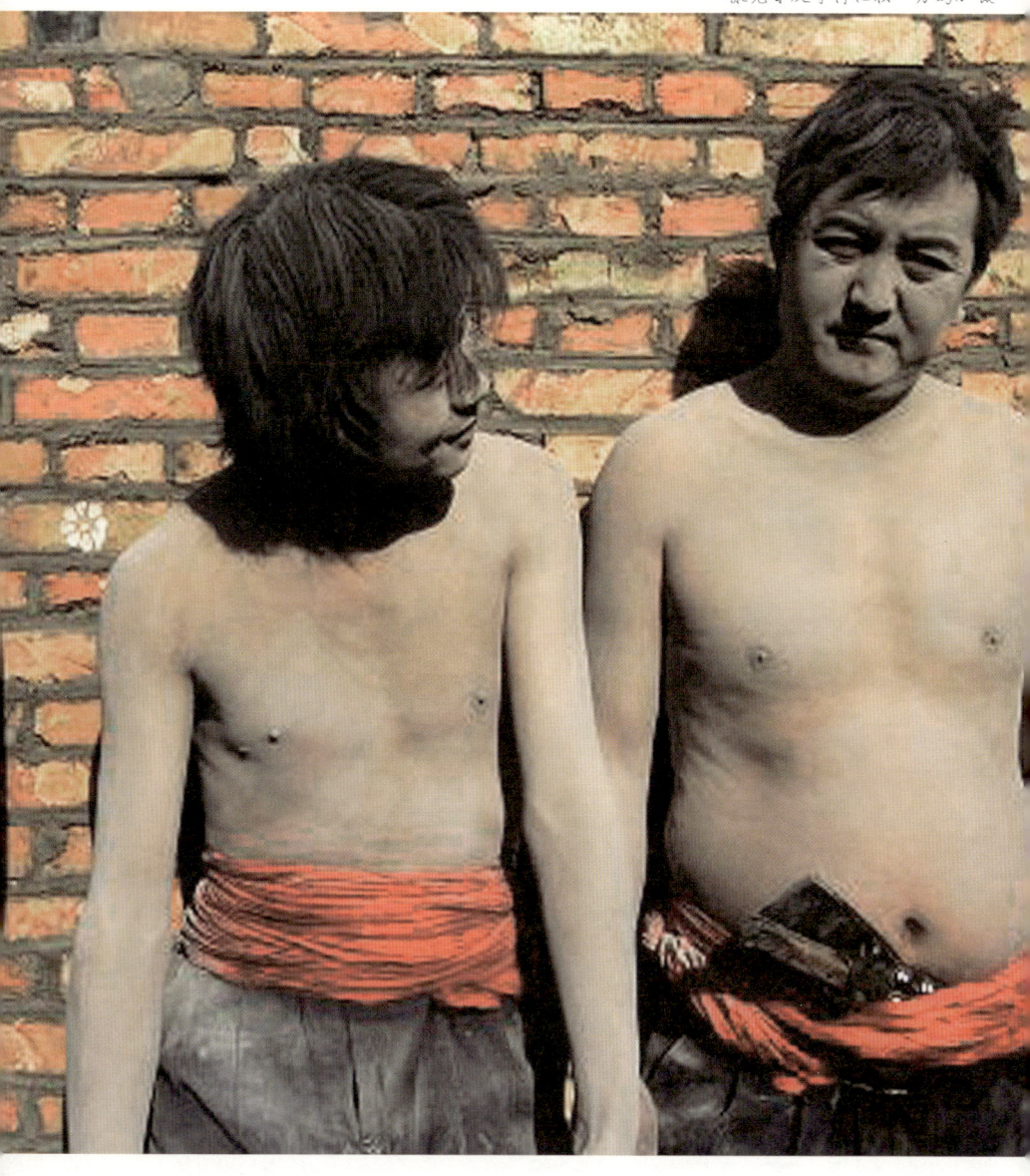

化妆　张傲摄

第七章 从人变神

二郎神庙前的煨桑炉里，松柏燃烧后的香灰还有些余热，阿吾法师端着盛满香灰的盆子，抓起一把把香灰尽情地涂抹在七只"老虎"的身上、脸上，七只"老虎"也抓起香灰相互扑打。不一会儿，七只"老虎"都变成了灰色的人儿。

这只是化妆前铺的一层底色，而这层底色必须要用二郎神庙前煨桑炉里的香灰。

於菟身上的花纹

接下来才是真正的上妆，阿吾法师顺手拿起一支画笔，村里的几名画师也纷纷过来帮忙。对于绘画，年都乎人从不胆怯，村里有不少唐卡绘画高手。

阿吾法师用画笔蘸了蘸脚下碗里的墨汁，开始在一只"大老虎"的脸上画老虎的纹路。之前画老虎用的多是锅底灰，如今经济发达了，墨汁成为最佳的替代品。

鲜为人知的是，虽然嘴上说是老虎，其实画出来的并非全是老虎，还有豹子，而且老虎和豹子还有规定的数量，即必须有四只豹子和三只老虎。

当然，豹子和老虎很好区别，因为他们脸上、身上所画的纹路不同：一种是铜钱样的豹纹，一种是虎纹。这些花纹更像来自远古的符号，古朴中透露出

给孩苋们画豹纹　张傲摄

给扎蒄化妆　万玛加摄

很多历史信息，虽然笔画简单，却极其生动，虎虎生威。为了更加形象，还要把於菟扮演者的头发一撮撮扎成毛刷状，这样更加形似威猛的老虎。

　　为七只"老虎"打扮完毕，有人看了看手表，刚好一个半小时，和往年所需时间基本一致。随后，阿吾法师招招手，七只"老虎"捆上红腰带，腰间别上长长的藏刀，拿着竹竿，排成两队走进大殿。这时细心的人也已经发现，两只"大老虎"一只手上的竹竿顶端早已粘上头一天晚上阿吾法师剪的纸宝瓶，"小老虎"手中一根竹竿的顶端则粘了小小的纸符，远远望去，就像一团棉花。

七只"老虎"在二郎神像前跪下，开始拜祭诸神，阿吾法师手中的羊皮鼓被敲响，杨本手中的铜锣声也随之跟进。只见阿吾法师面对神像念念有词，他念的依然是平安经，不过念的时间比头一天晚上要短，只有五分钟。这次阿吾法师念经，除了祈求神灵保佑全村平安外，还让神赋予"老虎"神威，为各家驱魔除疫。完毕，阿吾法师顺手从神像前的供桌上打开一瓶青稞酒，从"大老虎"开始，每人灌一口酒，并让他们嘴里叼上一块生肉，这就更像真正的老虎一般。至此，於菟的扮演者，也就是这七只"老虎"再不能开口说话，完成从人到神的转变，也就成了一只只"神虎"。

　　之前有不少人说，为了御寒，法师要不断往"老虎"嘴里灌酒，让他们达到半醉的状态，这样就会让他们忘记寒冷，并在亢奋的状态下完成於菟活动的"规定动作"。就此，阿吾法师反复给我解释：只能灌一口酒，不能让"老虎"喝醉！

[第八章]
· 翻墙入户 ·

今天被大多数人视为「完整版」於菟活动

其实只是整个於菟活动中的

一个环节祛疫逐邪而已

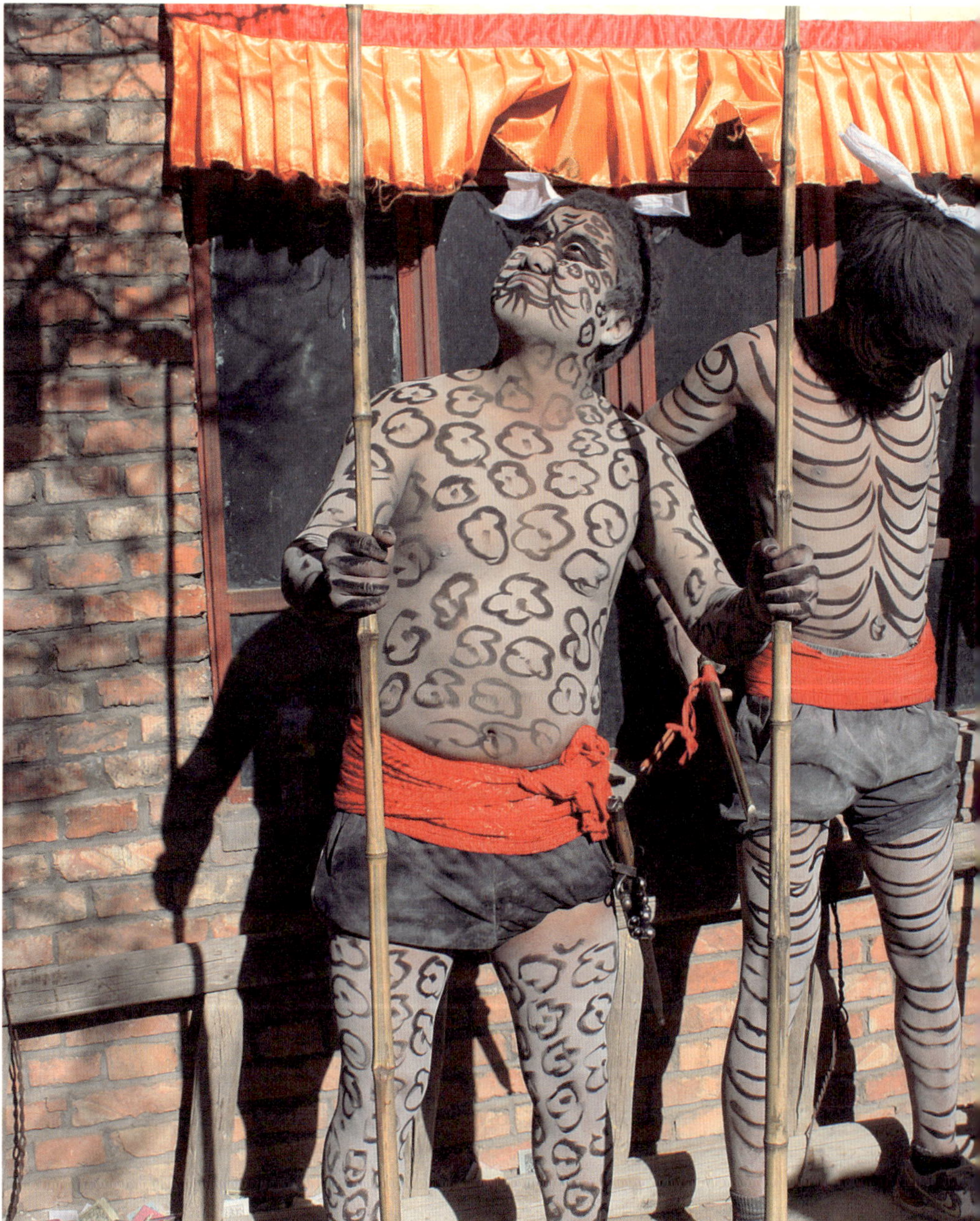

於菟活动准备就绪 万玛加摄

跳於菟是年都乎村的村民们每年必定举行的隆重的祭祀活动，目的在于驱邪避灾、祈求平安。於菟作为年都乎人极其重要的祭祀仪式，已经存在了很长时间，是一种古老、神秘，有特色又极富生命力的珍贵的古文化遗存。作为一种独特的文化现象，它吸引着越来越多的人来到这里，欣赏这一古老而神秘的祭祀活动。今天，不少外地的摄影家和摄影爱好者来到这里，他们每个人花40元买了门票才能进入二郎神庙——平时二郎神庙是免费开放的，只有农历十一月二十日於菟活动时才收门票。他们所看到的於菟也正是从二郎神庙开始的，之前的环节很难拍摄到。因此，社会上有关於菟活动整个流程的介绍也就不那么完整。

年都乎村的於菟活动包括念平安经、人神共娱、祛疫逐邪等仪式。四个"邦"祭就是祈求平安、人神共娱的环节，今天被大多数人视为"完整版"於菟活动，其实只是整个於菟活动中的一个环节祛疫逐邪而已。

得到了"神威"的"老虎"们似乎完全领受了神的旨意，和着阿吾法师和二郎神庙管家杨本手中的锣鼓声，他们先是在大殿内跳起於菟舞，这种舞蹈动作并不复杂，说白了就是学老虎走路的样子。

就这样，七只"老虎"踮着脚尖，摇晃着身子从大殿内跳出寺院，引起人们的一片惊呼声。只见他们和着锣鼓的节奏，弓腿迈步，抬起的一条腿停在空中，支撑的一条腿随之微微一顿，晃动着身体模仿虎步，威武地列队前行，绕着庙前广场跳一圈，向二郎神祈祷於菟驱邪活动平安顺利。在跳於菟过程中，"小老虎"们手握长木棍的双臂随脚步左右摆动，或反复上举，或左右开合，构成简单的基本舞蹈动作。整个舞蹈凝重、豪放、粗犷。

此时，在隆务河畔的年都乎古堡内，兰姆卓玛早已将家里收拾干净，准备迎接"老虎"们的到来。头一天，兰姆卓玛和村里其他人家一样开始做馍馍，这种馍馍很有特点，做法和平常吃的馍馍相似，先是和面、发面，然后放在一种铁制的锅盔里烤。在青海，这种馍馍就叫焜锅馍馍，但在同仁地区，它们还有一个名字——热贡烧馍。

罗云鹏 摄

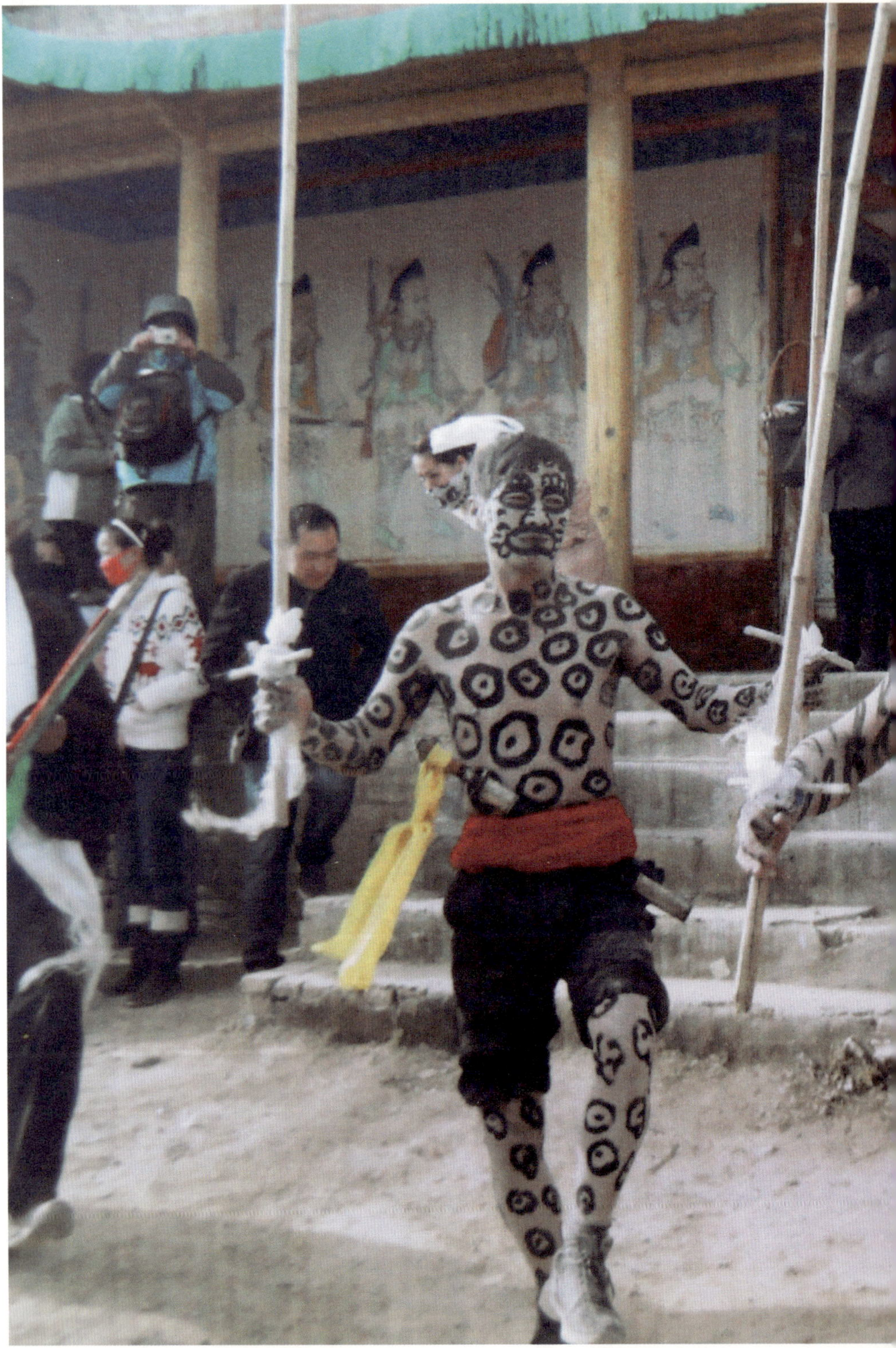

於菟们在二郎神庙内起舞　张傲摄

法师们在二郎神庙前的小广场上　万玛加摄

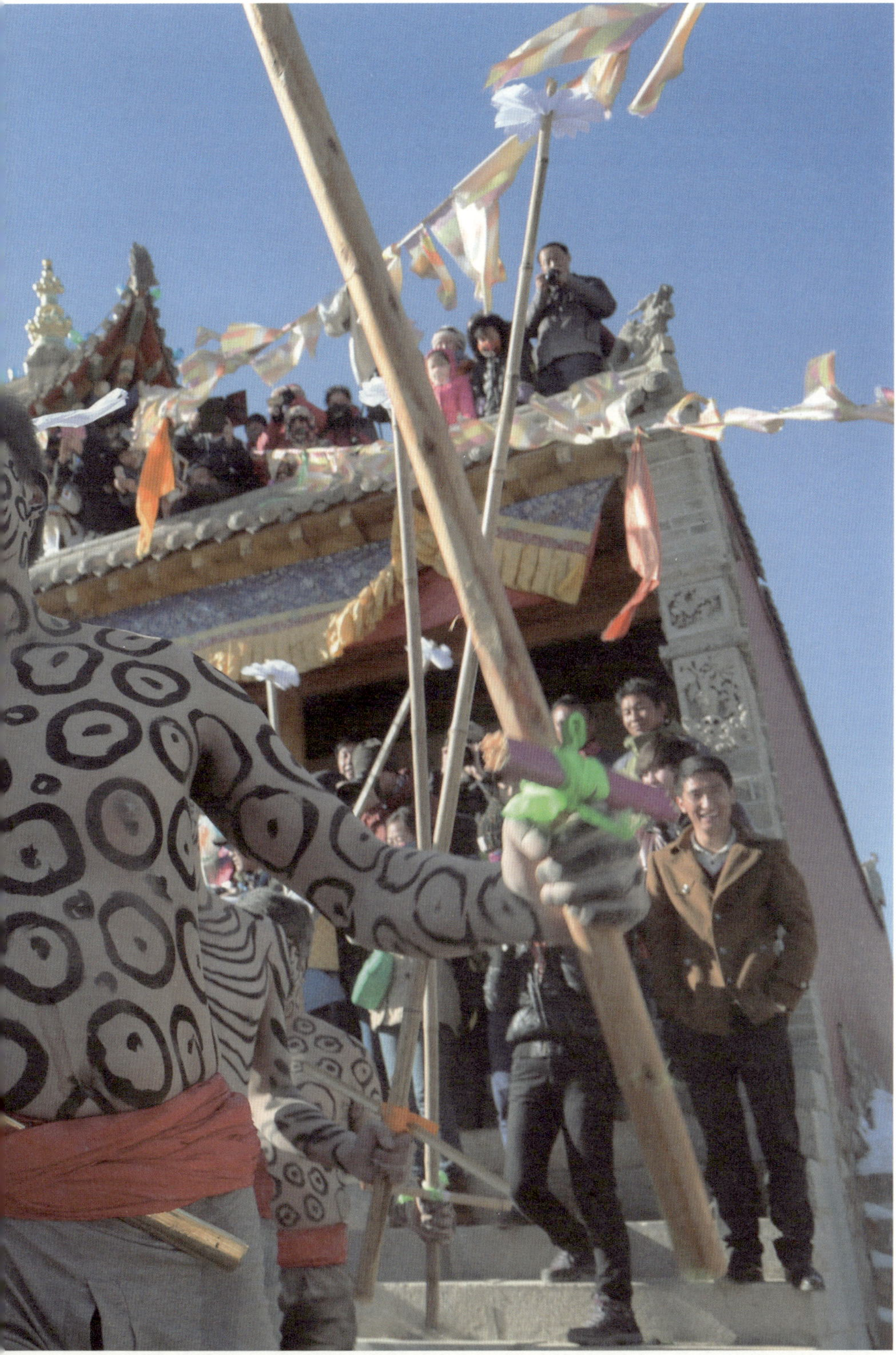

冲向古堡 罗云鹏摄

　　热贡烧馍是以传统古老的技艺、天然无污染的面粉、纯手工制作而成的大烧饼，它具有纯、香、甜、脆四大特点，富有营养，做法独特，造型各异，外层正面酥而香，底层脆而甜，中层软而筋度适中，脆酥异常，香满口腹。据说，热贡烧馍的制作技艺距今已有1800多年的历史，是当地群众接待客人、旅游必备和馈赠亲友之佳选。

兰姆卓玛将和好的面放进锅盔，然后把锅盔放进燃烧的麦草里，不一会儿，香喷喷的热贡烧馍就出锅了。与往常不同，这次兰姆卓玛做的馍馍中间有孔。这种馍馍是专门给"老虎"们准备的，村里每家每户都会准备，每家做馍馍的数量没有要求，但大家都清楚，最少也得做两个，献给两只"大老虎"，也可以做五个或者七个，每只"老虎"献一个。

罗云鹏摄

献给饥荒的馍馍 张傲摄

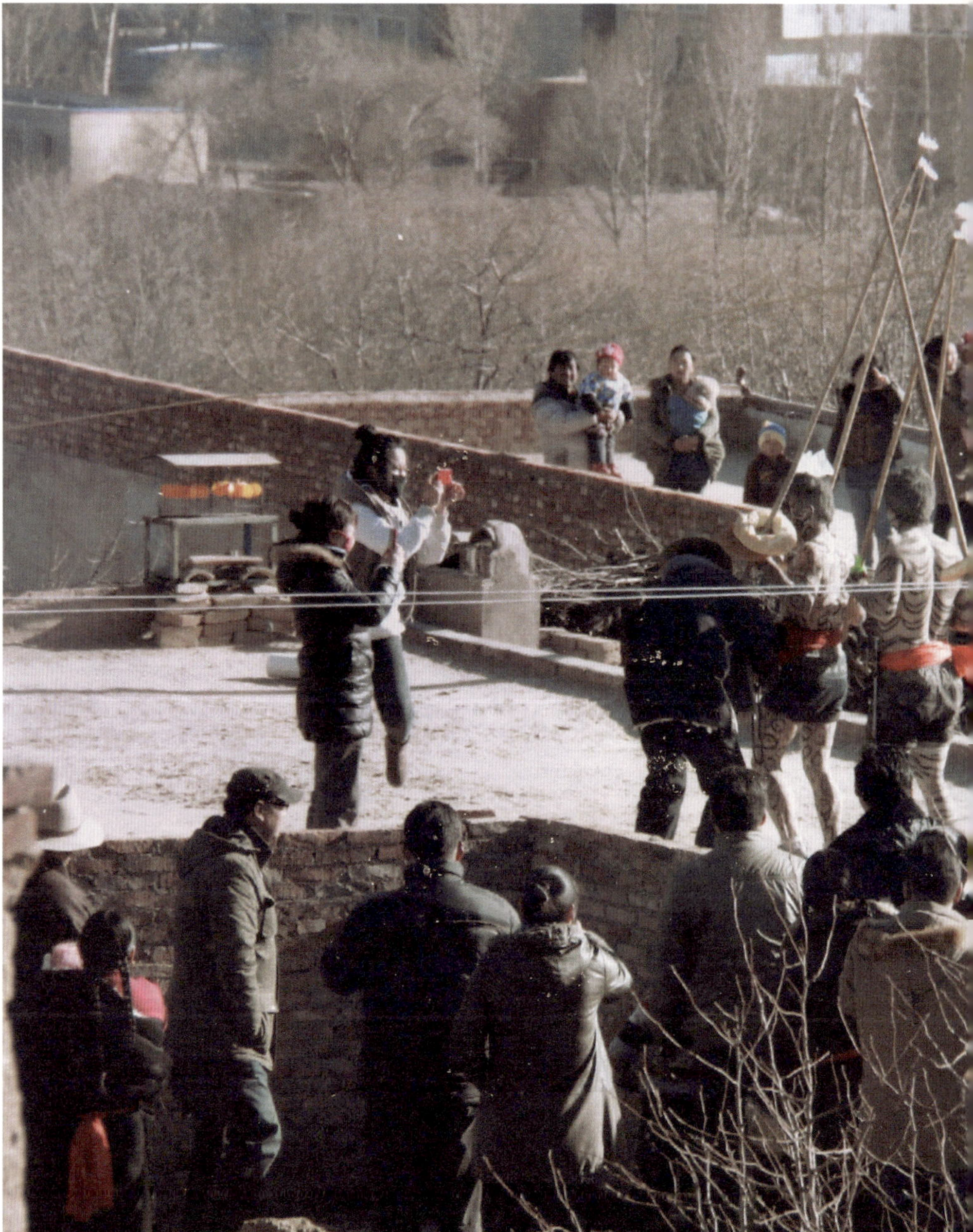

於菟们下山直奔古堡而去　张傲摄

今天，兰姆卓玛还早早地煮上了羊头和牛头，这些也是给"老虎"们准备的，等一切准备好后，她就爬到自家房顶上，因为她知道，不占据有利地势是看不到於菟的热闹的。

这时，已经是下午3点多了，爬上房顶的人越来越多，兰姆卓玛开始担心这么多人会不会把房屋压垮。但她很快就忘了这件事，因为她听到北面的郭麻日郎山上响起了鞭炮声，她赶快朝二郎神庙望去，发现"小老虎"们已经开始向山下冲了下来。

法师们一个个顺着梯子进入往宅别。安云鹏摄

焜锅馍馍，但在同仁地区，它们还有一个名字——热贡烧馍

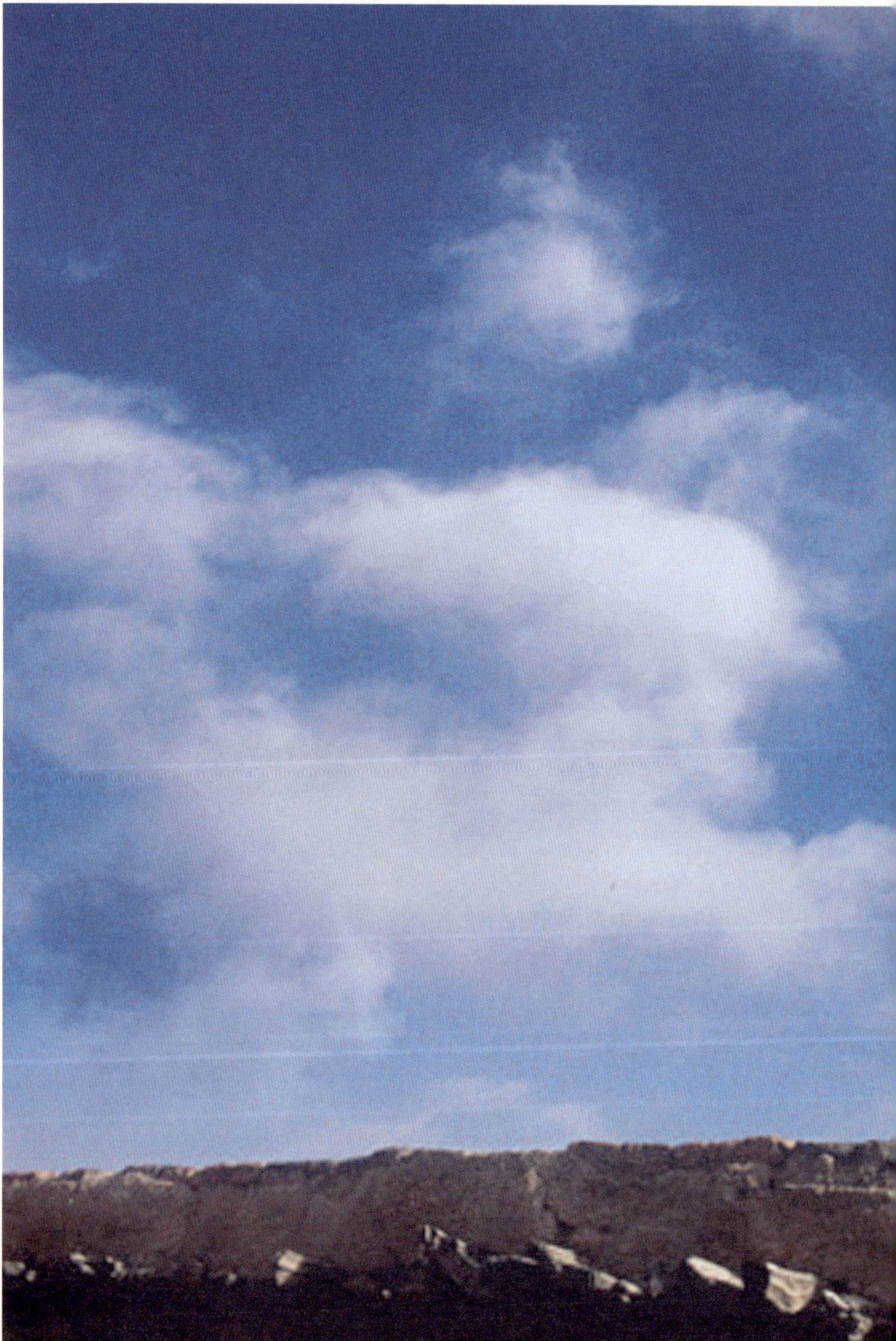

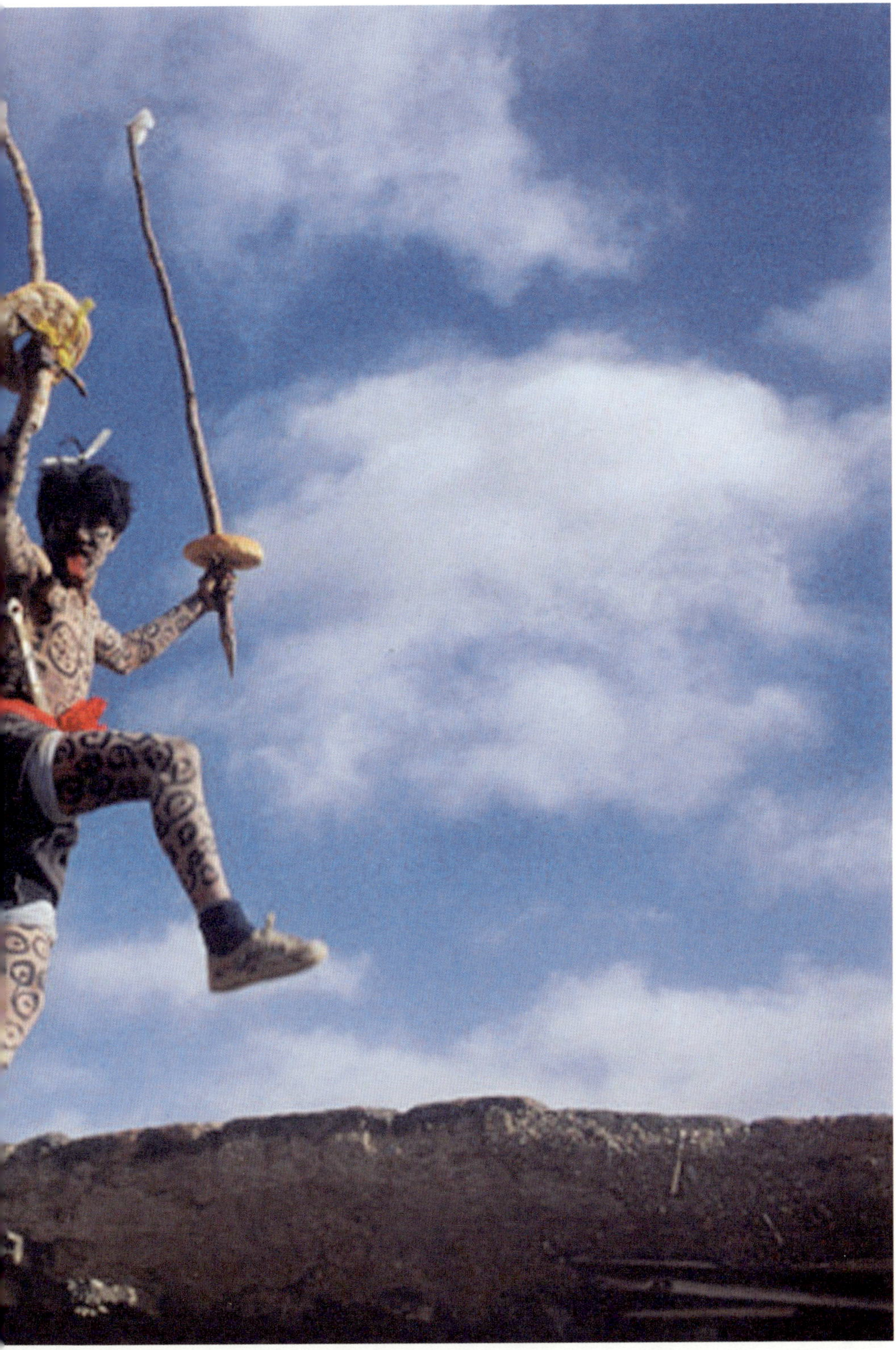

兰姆卓玛没有看错，七只"老虎"在二郎神庙前的广场上跳了一圈於菟后，其中的五只"小老虎"如猛虎下山般沿着羊肠小道向年都乎古堡方向冲了下去。这条下山的道路是不能变的，"请、送"二郎神走的也是这条路。

五只"小老虎"冲进古堡北门后，迅速分成两队：一队三只"老虎"，冲进古堡南侧的巷道；另一队两只"老虎"，冲进古堡北侧的巷道。他们由西向东，开始上演翻墙入户的精彩表演。

其实，此时的年都乎古堡，每家每户的大门都是敞开的，但"小老虎"们不能从大门进去，只能翻过墙壁，从房顶进入村民家。除了提前"请"，"小老虎"们进入谁家是随机的，而且不可能每家每户都

去到，最多能去50多家。

很幸运，三只"小老虎"开始翻越兰姆卓玛家的墙壁。兰姆卓玛的丈夫是一名唐卡画师，画的唐卡非常漂亮，在二郎神庙，他也曾执笔为"老虎"们化妆。

看到"小老虎"们想要翻墙，站在房顶上的人们开始帮忙，"小老虎"手里的竹竿起了很大的作用——房顶上的人抓住竹竿往上拉，这样"小老虎"们翻墙就不太费劲了。以前，古堡内的建筑不是很高，翻墙入户不是一件难事，如今有些人家的房屋经过翻新后，墙壁太高，"小老虎"们想要翻进去确实有些难度，甚至不得不放弃。

六蒐进入古堡　张傲摄

"老虎"下山 罗云鹏摄

翻过院墙 罗云鹏摄

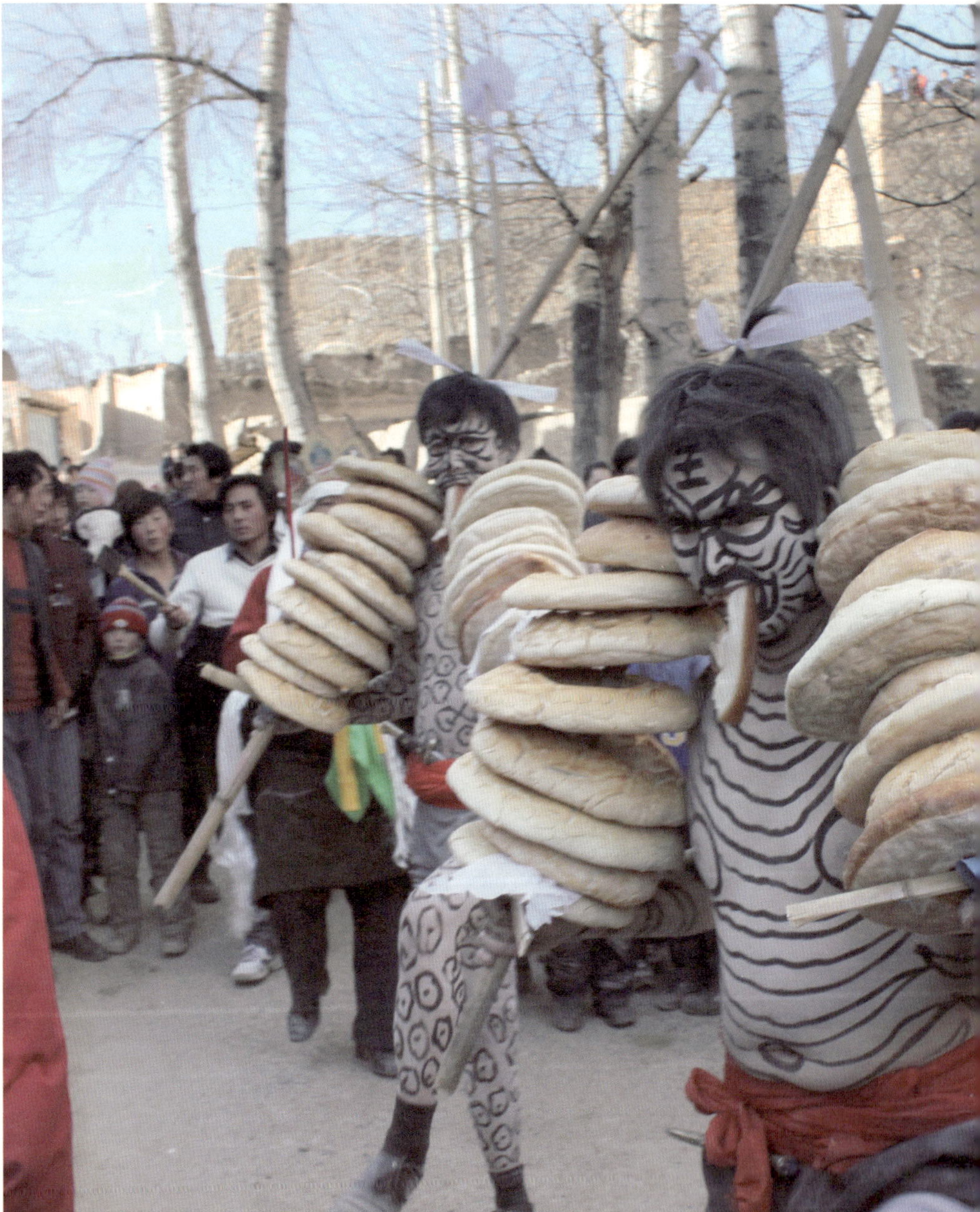

在众人的帮助下，三只"小老虎"顺利进入兰姆卓玛家，他们冲进房内，从灶台的锅里抓出一块肉吃了起来，还喝了几口肉汤，感觉身上暖和了许多，又用嘴叼起一块肉，向大门方向而去。"小老虎"们不能从大门进来，但可以从大门出去。他们出门后身子摇晃的幅度更大，样子显得越发威风。不知什么时候，兰姆卓玛将中间有孔的馍馍穿在了"小老虎"们手中的竹竿上。

於菟们收获的馍馍　万玛加摄

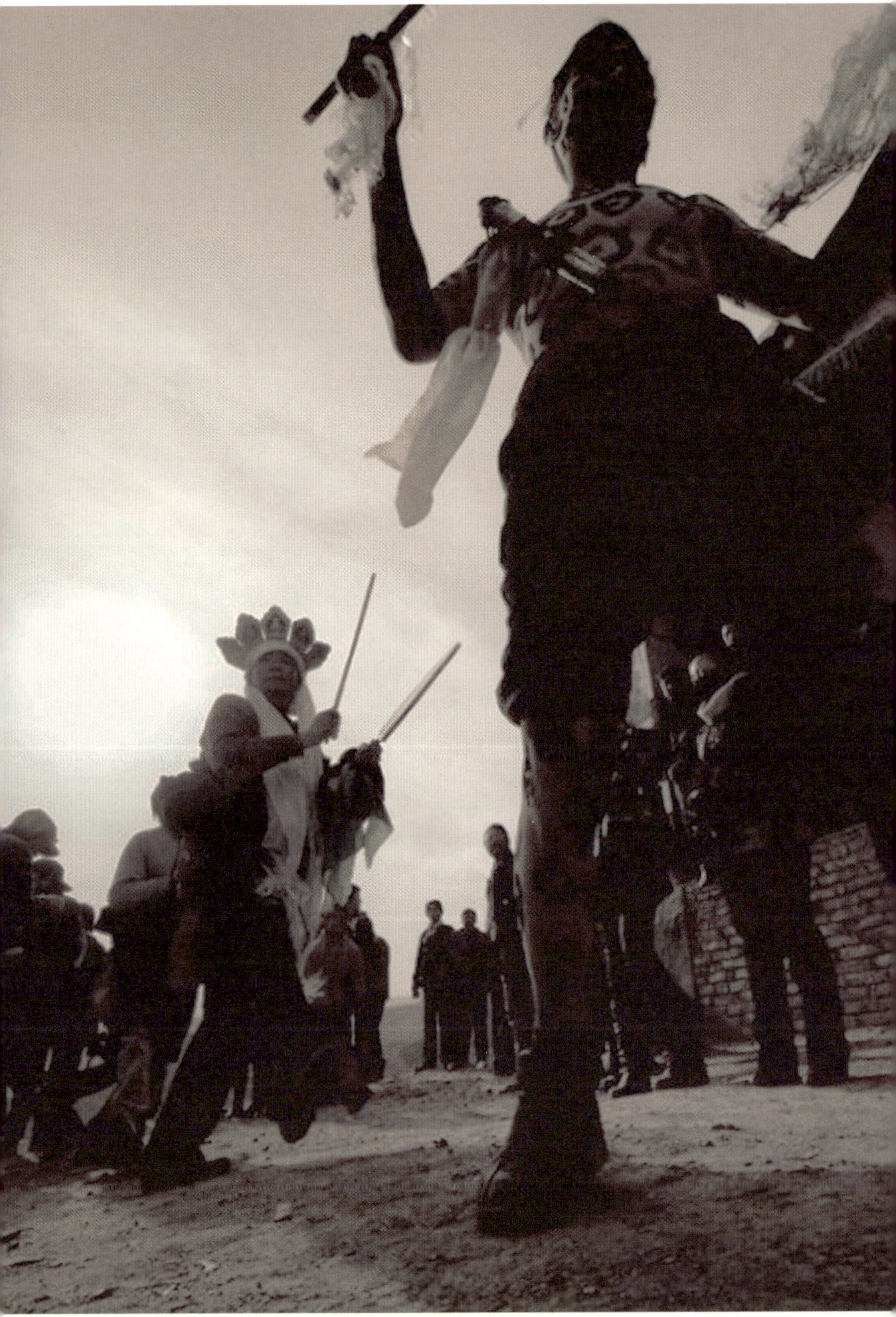

[第九章]

赶虎驱魔

要赶着「老虎」走
把不好的东西都赶走
这才是於菟祛疫逐邪的精髓所在

故意 方玛加措

第九章 赶虎驱魔

中间有孔的馍馍在年都乎村还有一个专门的名字，这里的人称其为"看子"，字面理解就是只能看不能吃。确实如此，这些"看子"都是敬献给"神虎"的，是想借助"神虎"的"虎威"带走瘟疫。

各位看官，看到这里你们是不是觉得少了一点儿什么？没错，阿吾法师、杨本助手，还有那两只"大老虎"不见了。就让我们侧耳倾听，听见了吗？远远地，那锣鼓声正响在从二郎神庙下山的路上。

是的,阿吾法师和管家杨本连同两只"大老虎"还在赶往年都乎古堡的路上。两只"大老虎"在前面摇头摆尾地走着，阿吾法师和杨本敲着鼓打着锣不紧不慢地跟着，后面还有不少看热闹的村民。要赶着"老虎"走，把不好的东西都赶走，这才是於菟祛疫逐邪的精髓所在。

赶着"老虎"走的阿吾法师　张傲摄

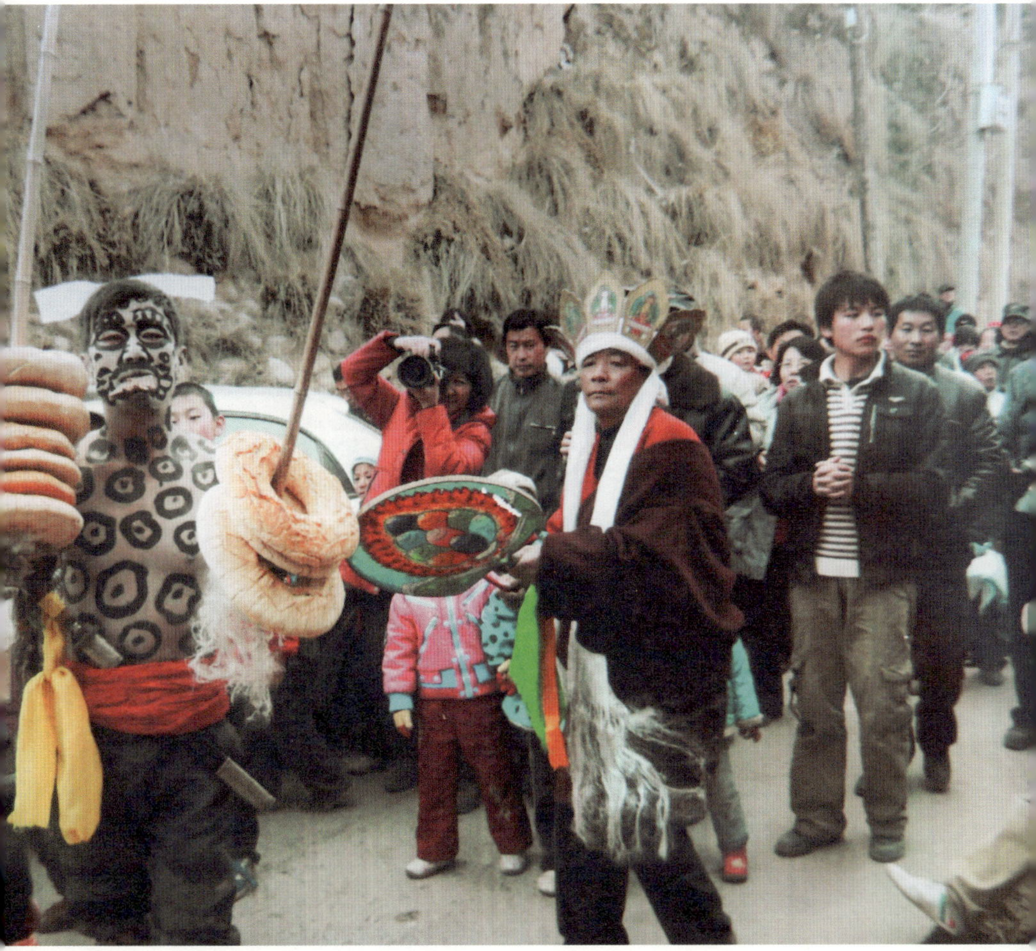

等"大老虎"进入古堡，村里的每个人更加亢奋了，一些老人和孩子迅速趴在地上，"大老虎"依然摇头晃脑地从他们身上跨过去。这些老人和孩子今年都生过病，他们相信，"老虎"这么一跨，就会把病彻底带走。

年都乎古堡内巷道逼仄，如果两个胖子并排行走都会感觉拥挤，所以房顶上的人要比巷道里多。虽然如此，阿吾法师和"大老虎"身边还是被围得水泄不通，人们纷纷将"看子"穿到"大老虎"手中的竹竿上。不给"小老虎"也要给"大老虎"，这是年都乎村民敬献"看子"的基本认识和原则。

於菟所到之处人山人海　万玛加摄

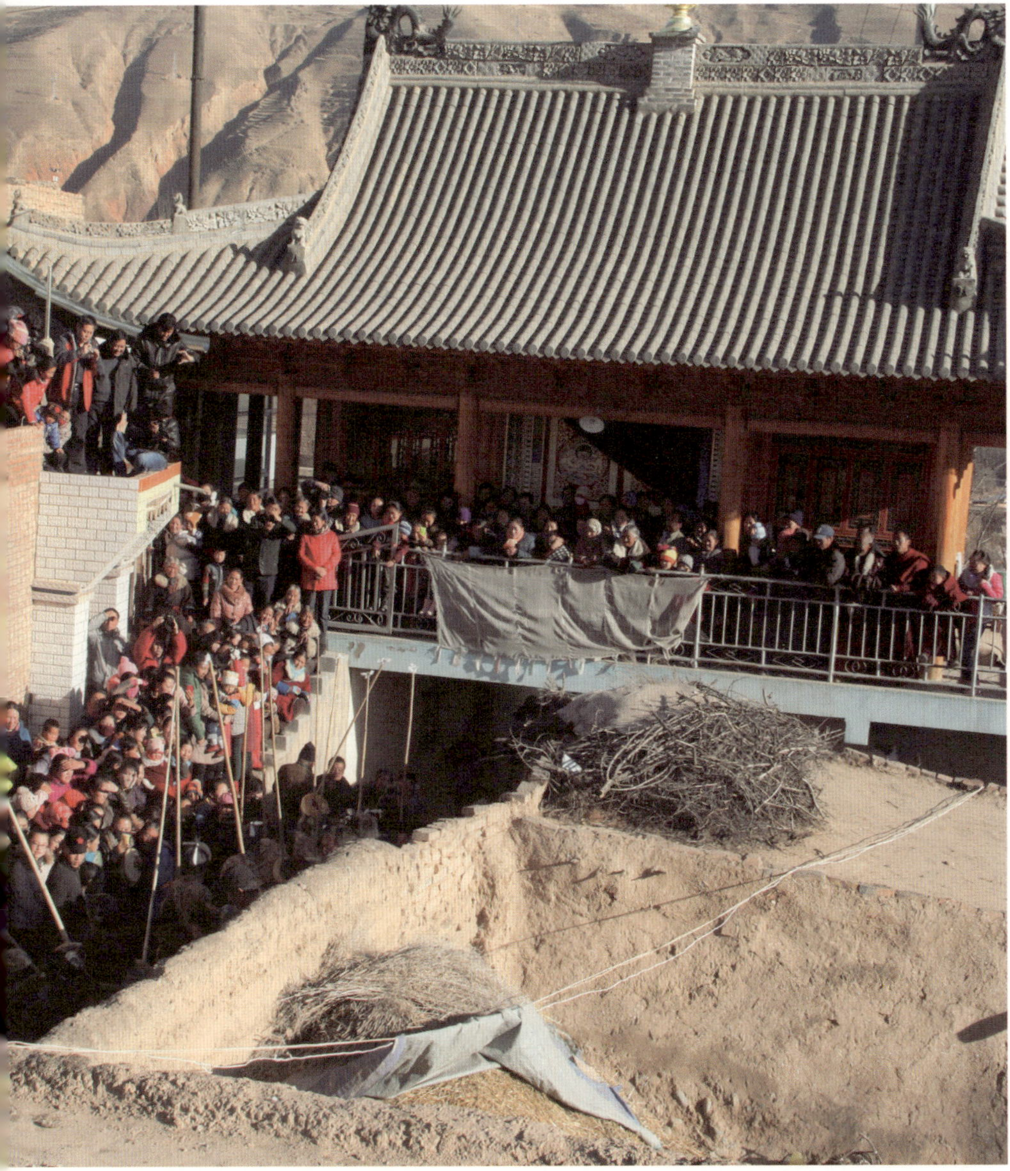

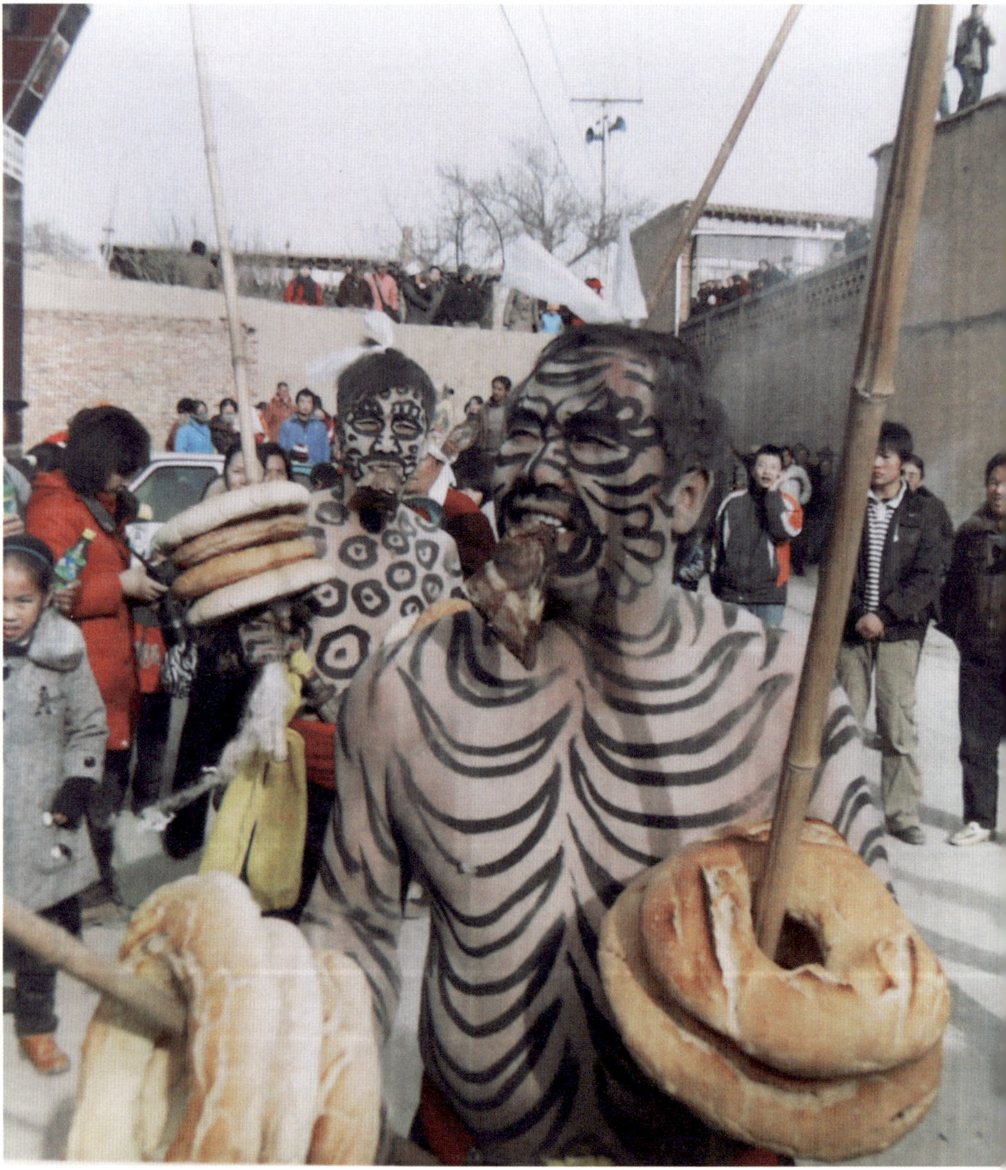

为了更加形象，法蒐们嘴里还要叼着肉　万玛加摄

再来看看"小老虎"们,他们不断地从这一家翻到那一家,就像真的调皮的小老虎,让人感觉非常可爱。年都乎古堡不大,平常五分钟就能从西头走到东头,因为要翻墙,还要模仿老虎的样子,在院子里跳舞驱魔,遇到家里有病人躺在床上,还要从病人身上跨过去,所以等他们到达东大门附近集中时,已经是下午五点半了。这时候,五只"小老虎"一块儿翻进一户人家,最后一次享受主人给他们准备的美味。

在於菟祭祀活动中,年都乎村盛行给"老虎"煮牛头、羊头,让他们吃到美味的头肉,有些人家还会挂起香肠,摆上水果来招待"老虎"们。此时此刻,他们把"老虎"视为神明的化身,相信"老虎"的到来能够给他们带来好运、驱逐邪恶。

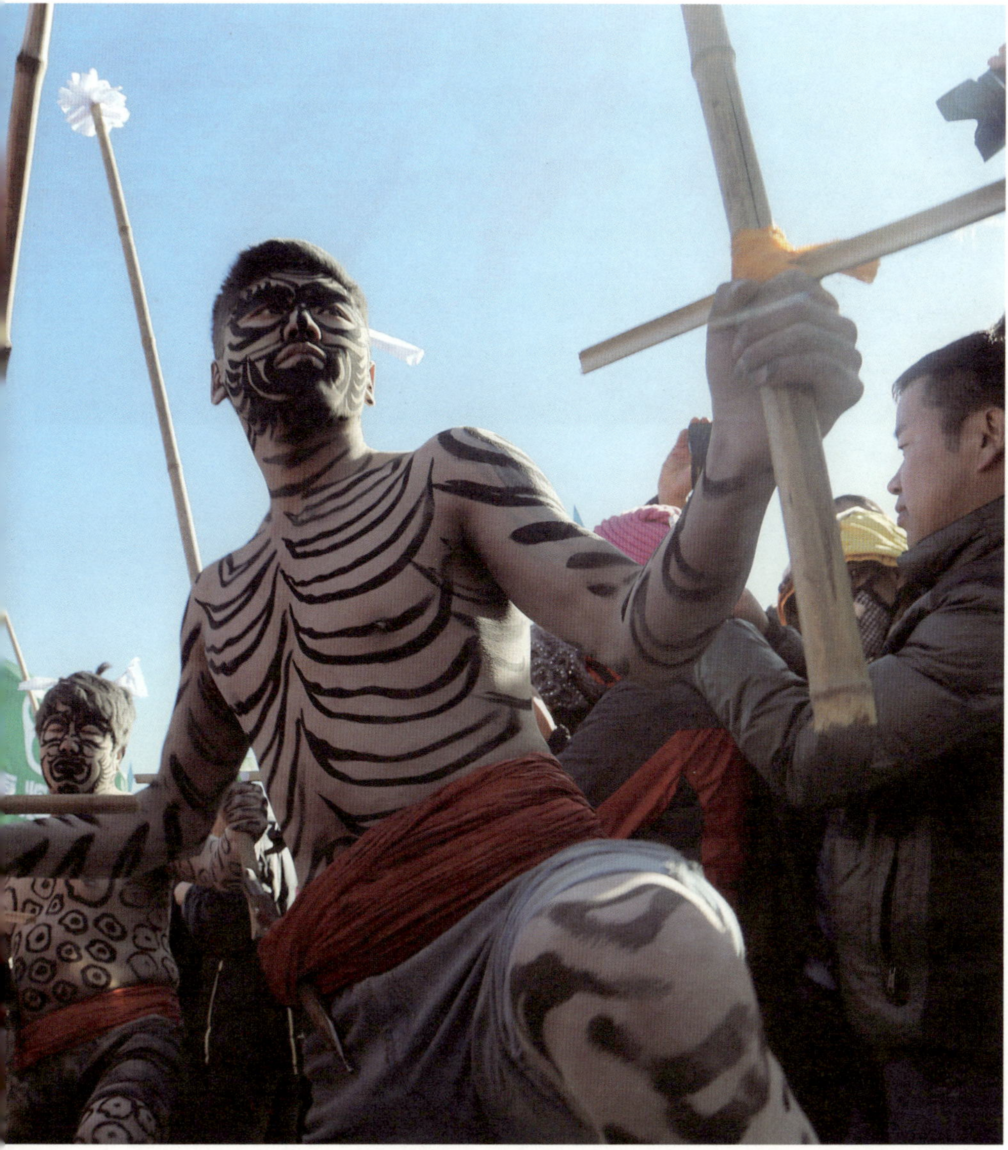

随着阿吾法师和管家杨本的锣鼓声的临近，五只"小老虎"开始往古堡东门外走去。此时，"大老虎"们也已经到了。在阿吾法师的示意下，"老虎"们原地待命。自始至终，阿吾法师就像一个驯兽师，把一只只"老虎"驯得服服帖帖，这些"老虎"在进行驱魔时凶悍无比，在阿吾法师面前则成了"乖乖猫"。

　　按照惯例，阿吾法师和"老虎"们要在古堡东门，也就是在下城门处等待10分钟，主要是给村民们集中留出时间。

　　10分钟很快过去，全村人也蜂拥至此，人们挤在巷道里，站在房顶上，大声呐喊助威，一时间鼓锣齐鸣，鞭炮震天，人神同乐，活动达到了高潮，表示各种厉鬼、疫魔全被赶出了村子,仪式至此宣告结束。

於菟在古堡内穿行。万玛加摄

但於菟祭祀活动还没有结束，还需要一个小小的收尾工作——阿吾法师还要将"老虎"赶到年都乎河里去。

阿吾法师和管家杨本手里的锣鼓声再次响起，在阿吾法师的驱赶下，七只"老虎"直奔古堡南侧的年都乎河而去。这是一段下坡路，路程不远，很快就到了河滩处。

农历十一月，正是年都乎河结冰最厚的时候，早有年轻力壮的村民奋力砸开冰面，"老虎"们奔向这里，把象征斩了妖魔的竹竿和象征不洁之物的"看子"，全部投入河中，并在冰冷刺骨的冰碴水中洗去身上的虎纹和豹纹还有香灰，意味着把从村里带出的所有邪魔鬼怪之气全部清洗干净，从此全村便可户户告吉、人人平安得福。也就是在这个时候,"老虎"们从神变回人,又可以说话了。

在回村的路上,村民们早已燃起一堆旺火,"老虎"们必须从火上跨过去,表示妖魔邪恶已经除去。阿吾法师和管家杨本在另一个地方把活动中用过的符烧掉,又面朝河滩立下三块石头,以示把妖魔邪恶挡在村外。阿吾法师回村时,同样也要从火堆上跨过去。

至此,独一无二的年都乎於菟祭祀活动圆满结束。

年都乎土族於菟活动已成为当地民间冬季祭祀活动的重要内容,它的全部意义是"驱魔逐邪,祈求平安",它也是万物有灵的宗教文化观在民间艺术中的遗存。农历十一月,距离春节已经不远,"邦"祭和於菟祈求平安、人神共娱、祛疫逐邪,其实也有祈福新年平安的意思,同时祈求神灵保佑这方土地来年五谷丰登、六畜兴旺、风调雨顺。

从於菟活动的整个过程来看,阿吾法师无疑是活动的"主持","老虎"是"主角"。

随便进入哪一家都有好吃好喝　张傲摄

伙蒐们走向古堡外的河滩　万玛加摄

古堡东门是於菟活动的结束地点 张傲摄

人们聚集到古堡东门　万玛加摄

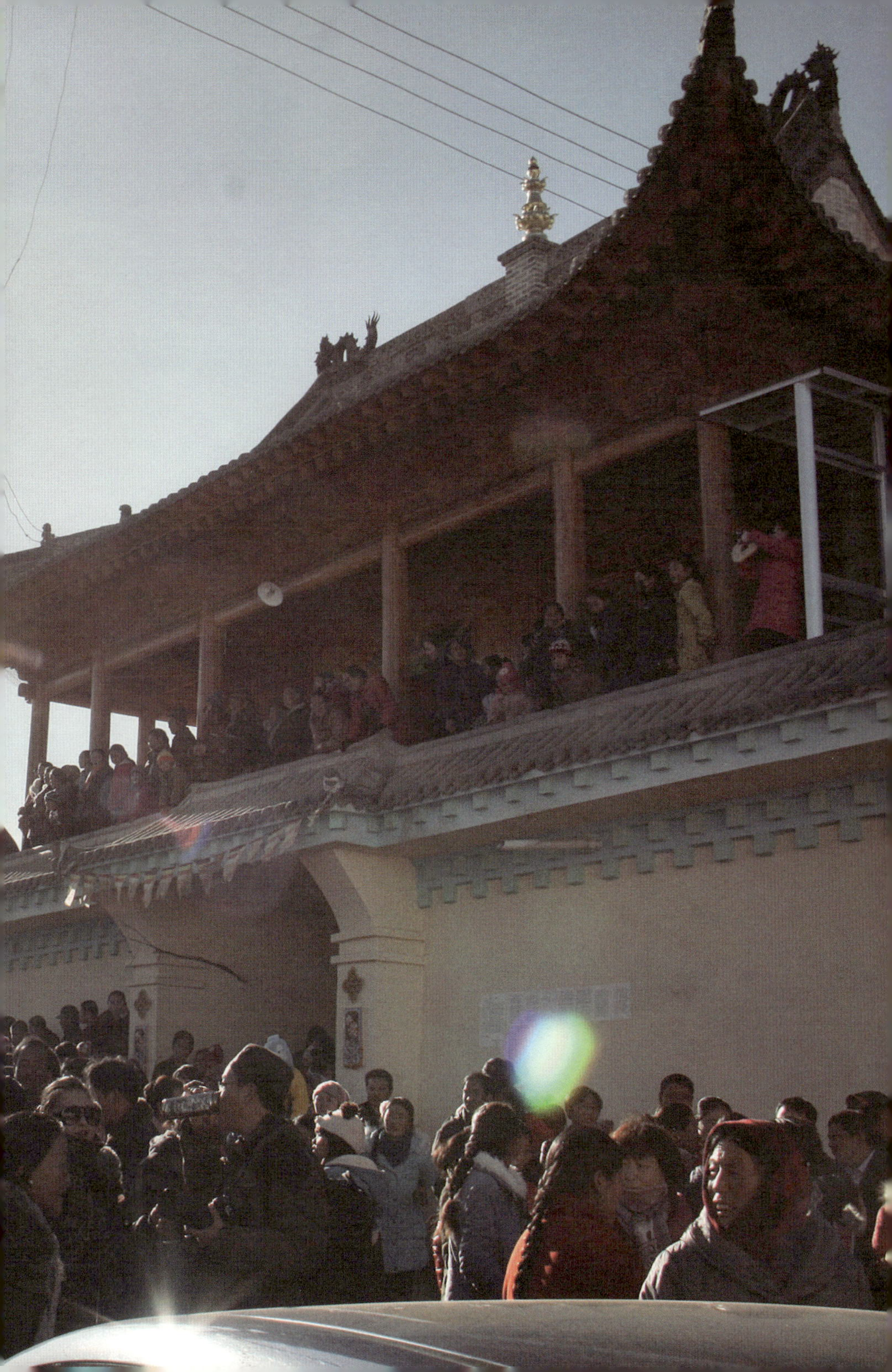

阿吾法师正在举行诛蔫仪式　万玛加摄

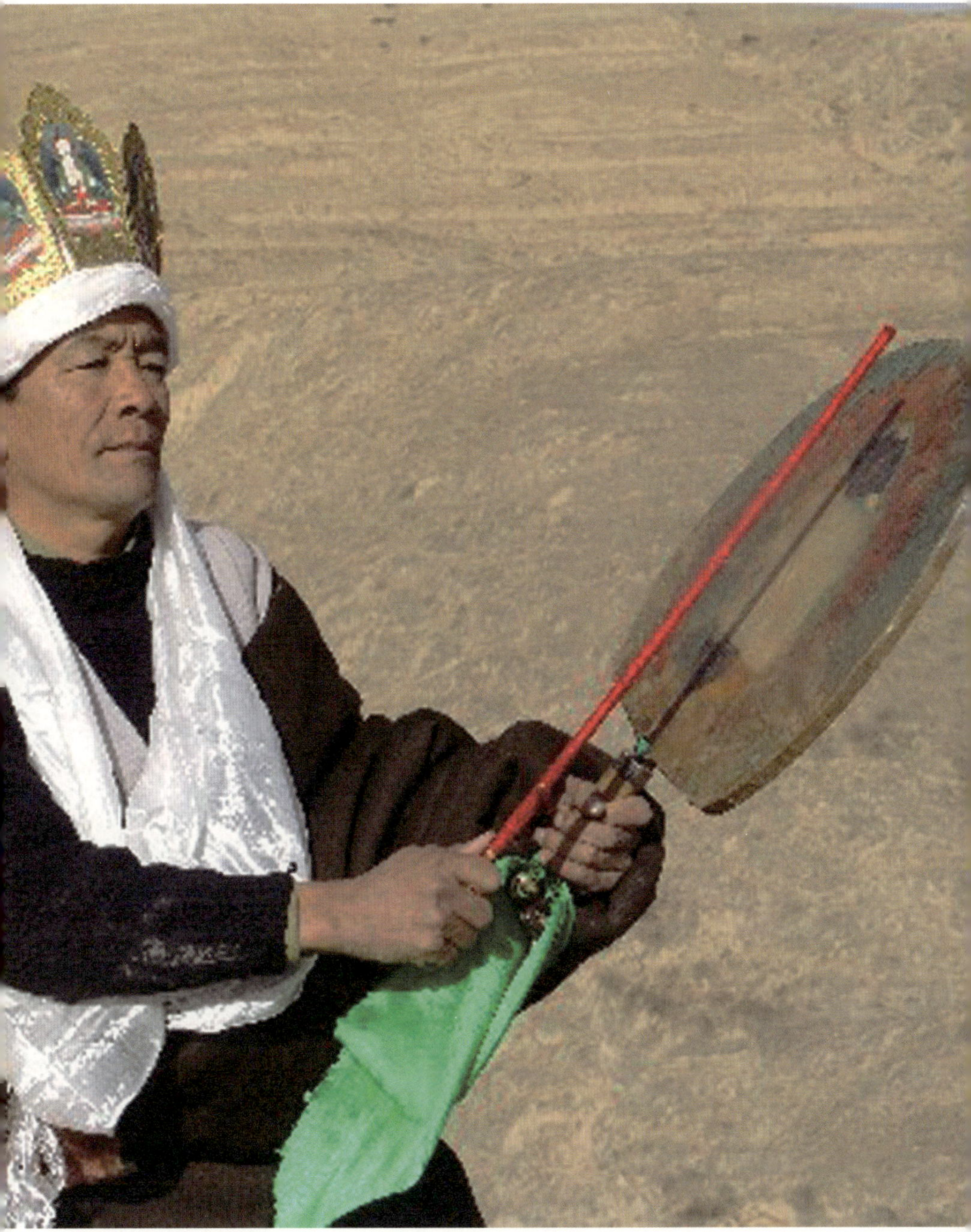

在河里洗去"晦气" 万玛加摄

这些"老虎"的扮演者能够在严寒的冬季赤身数小时，是非常辛苦的，所以我们也就能够理解为什么村里会免除他们一年的集体劳动。随着年都乎土族於菟被列入国家级非遗名录，"老虎"的扮演者每人能拿到200元的补助，主要是让他们到县城去洗个热水澡。

罗云鹏摄

有人这么总结：於菟仪式的实质性目的就是以"看子"作为"病魔或者不干净"的载体，去引诱和驱赶村民们认为的妖魔鬼怪，以达到村落和家庭安康的目的。

阿吾法师跨过火堆　张傲摄

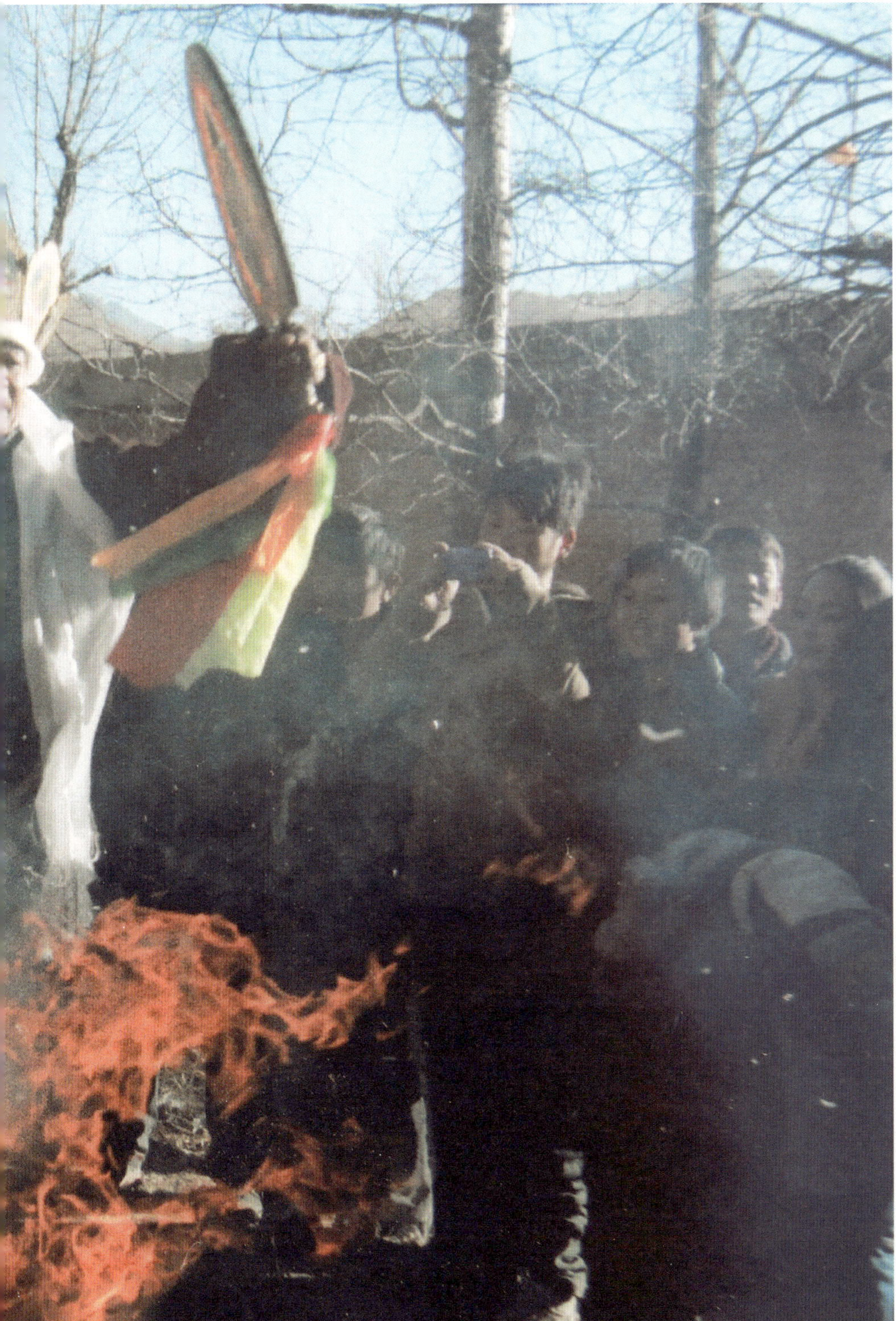

这段藏族文字一直被阿吾珍藏着，它记录了我蒽的点点滴滴

· 结　　语 ·

纵观整个活动现场
於菟最大的特点
就是图腾崇拜的遗存

一切归于寂静，年都乎这个小山村也终于安静下来，继续笼罩在神秘中。虽然今年的於菟活动结束了，但有关於菟的传说并没有终止。

关于於菟的起源，没有任何可靠的文献记载，仅有传说一直在流传。传说，霍尔王（吐谷浑）的爱妃得了重病，一直昏迷不醒，所有的医生、法师都无能为力。霍尔王突然想到民间有装扮成虎豹跳舞驱除妖魔鬼怪的习俗，于是命令军士装扮成虎豹的样子，在王宫中跳舞驱魔，没想到王妃的病真的好了，于是霍尔王深信於菟舞的神力，下令从此以后每年都要跳於菟，以祈求国家风调雨顺，人民安居乐业，从此於菟的习俗就在民间传承了下来。

还有一种说法是，吐谷浑的於菟舞后来慢慢消失了，在清朝嘉庆年间，河湟地区发生了一场大瘟疫，死了很多人，出生在年都乎村的拉卜楞寺第三世嘉木样大活佛为了使百姓摆脱邪魔，主持恢复了民间的於菟祭祀仪式，后来瘟疫结束了，此后200多年，年都乎村的於菟就再也没有中断过。

当然，这些仅仅是传说故事。纵观整个活动现场，於菟最大的特点就是图腾崇拜的遗存。虎是古人最为崇拜的动物，甚至被视为神兽。以舞蹈的形式来表达图腾崇拜，古已有之，而随着时代的变迁和人们对世界认知的改变，图腾崇拜早已离我们远去。但它为什么会在年都乎村这个偏僻的村庄里仍有遗存，这才是於菟真正的魅力所在。因为如果是吐谷浑遗风，当年吐谷浑疆域辽阔，於菟应该在很多地方都有遗存；如果是土族习俗，土族最集中的地方是河湟地区，但那里没有跳於菟的习俗。

阿吾法师和於菟们合影

　　精彩而神秘的於菟给我们留下了一个又一个的谜团，也正因为这些谜团需要我们去探究，於菟才更加引人关注。

　　隆务河、古城堡、刺骨的北风、赤裸上身的男人、肃穆的法师、有节奏的鼓点、老虎豹子……这一个个看似不相关的画面，却极为协调地勾勒出一幅民俗奇观图，让我们对於菟难以忘怀、牵挂于心！

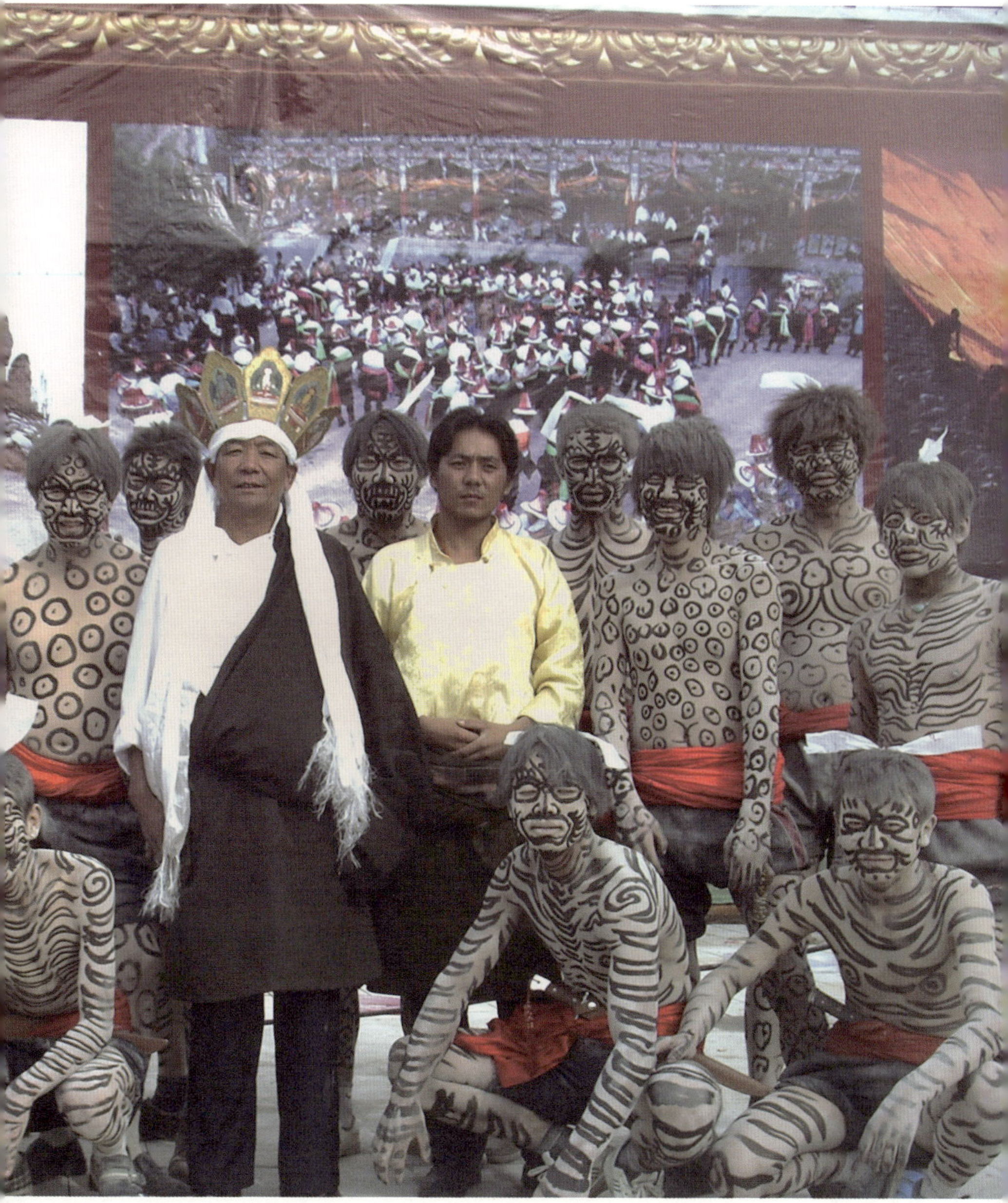